武器よさらば

地球温暖化の危機と憲法九条

PEACE AND CLIMATE

エマニュエル・パストリッチ
Emanuel Pastreich
川瀬俊治 編

東方出版

はじめに

日本は地球温暖化という前例のない脅威に直面しているが、これまでの考え方では、この危機を乗り越えられない。消費文化と成長の神話による悪夢を克服するには経済、社会、文化、安全保障のすべてを考え直すべきである。本書Ⅰは平和憲法の未来性について論じた。気候変動に対応するには、憲法九条を持つ日本こそが世界をリードできる。平和憲法は古い時代遅れの遺産では決してない。

日本政府が長い間、平和憲法を捨てて「普通の国」になるべきだとしてきたが、平和憲法を捨てるのは時代に背を向けることだ。アメリカをはじめとしてすべての国々は、日本にならい平和憲法をとるべきだ。世界の国防に浪費する財産と知識を気候変動に対応に注ぐべきである。科学の証拠をもとにした正しい結論である。地球温暖化に準備して社会と経済を基本的に変えるには、先例のない予算が必要であり、武器など買う余裕がない。

Ⅱで述べたが、古代中国（そして韓国と日本）は持続可能な有機農業によって世界一のシステムを作り出した。しかし、中国は化学肥料と農薬を取り入れたせいで、農業は持続可能でなくなった。古代（東アジア）中国の農業文明の素晴らしい知恵が最も必要とされているのが今だ。南北朝鮮でも素晴らしい過去の知恵を今に生かすべきだ。

日本で著作を出すことは長年の宿題であった。七年間、日本で研究生活を送り、韓国同様、日本は第二の故郷である。日本では初めての単著になる。多くの方に読者に届けたい。

二〇一九年六月一日

エマニュエル・パストリッチ

目次

はじめに　エマニュエル・パストリッチ　1

目次　2

Ⅰ　東アジアよ、武器よさらば　5

第一章　日本の「平和憲法」は「過去」ではなく「未来」である　7

・「平和憲法」こそ日本の利点・実効性を増す日本国憲法の思想・日本国憲法の空洞化とアメリカ・早期に議論の転換を・軍の真の役割

第二章　日本の自衛隊が世界を救う　18

・軍拡競争からどう脱却するか

第三章　戦争する国からの脱却――「安保」観を変える憲法九条　24

・武器を禁止する厳重な合意案に向けて・技術は安保の本質をどう変えるのか?・安保論争を変える気候変動・核戦争による人類の破滅

第四章　韓国は創造的役割をはたす時代に　31

第五章　東アジアよ、武器よさらば　33

・一〇〇年前のヨーロッパを彷彿とさせる東アジア・東アジアの核拡散をどうするか?・ヨーロッパのケース・「リバランス」を越えて―アメリカの対東アジア戦略・これから進むべき方向

Ⅱ　東アジアに向き合う　43

第六章　北朝鮮に向き合う　45

その1　適切な北朝鮮発展計画　・北朝鮮が開放されると韓国は同国人に・北朝鮮の経済、

文化、政治の発展のための暫定計画　天然資源／エネルギー／公共インフラ／金融と資本／労働／交通／教育／農業
その2　誰も知らない北朝鮮の脅威　・生態学的危機―アフリカよりさらに深刻・これ以上放置できない北朝鮮の現実・砂漠化問題、北の核拡散防止と同等に扱うべき
その3　朝鮮学校を訪問して感じたこと　・初めて訪問して・斬新で心地よい

第七章　韓国に向き合う……67
その1―韓国の大気汚染対策は？　・中国だけに原因があるのか・気候変動問題を担当する委員会を
その2―ソウルをシンクタンクのメッカにしよう　・伝統としての知的財産
その3―朱子学の伝統は現代社会の危機を救える　・朱子学の遺産について・時代の課題に直面して
その4―孝道と韓国の未来
その5―化石化した韓国政治

第八章　南北対話に向き合う……86
その1―朝鮮半島における伝統復活のための南北対話の構築　・固定観念から脱せよ・将来の青写真にどう活用するか？・何をすべきか？　統治方式／統一、外交と安全保障／経済／持続可能性／教育／家庭／精神的な生活と意味のある経験

第九章　中国に向き合う……95
その1―「中国の夢」欧米化？それとも新しい道を開くこと？　・中国の歴史的伝統はどうなったか？・中国の欧米化の夢・中国が国際舞台の中心に立つ現実・「一帯一路」をどう見るか？
その2―上海で中国SF映画「流浪地球」を見て感じたこと　・中国はアメリカの代案になるか・上海の変貌と映画「流浪地球」

第十章　日本に向き合う……111
その1―福島原発事故への世紀にわたる対応　・未曾有の世界的取り組みを・グローバルネットワークがカギを握る・ピアーツーピアサイエンス
その2―これからの日韓関係に対する私の夢　・「慰安婦」問題について考える・私には夢がある

Ⅲ 「統一」に向かう朝鮮半島と「崩壊」に向かうアメリカ……123

第十一章 「統一」に向かう朝鮮半島……125
その1―板門店南北首脳会議の衝撃から ・アメリカに言及せず・韓国のことをコメントする私自身に向けた問い・南北首脳会談で不足していたもの
その2―韓国・北朝鮮の接近とアメリカの役割 ・トランプは信頼できるのか？・なぜシンガポールか？
その3―平壌南北首脳会談の評価 ・実質的な交流の扉がついに開かれた・メディアのためのイベント・文在寅大統領のペットボトル
その4―統一は選択の問題ではない ・『三国志』はどう教えるか？・DMZより恐ろしいもの

第十二章 「崩壊」に向かうアメリカ……145
その1―トランプ式分裂政治によるハノイ米朝会談の決裂 ・孤立主義と軍国主義に陥っているアメリカ
その2―日本にできること ・アメリカの今・眠っていたアジア蔑視が顕在する可能性・日本への希望

日本の若者に――あとがきに代えて　エマニュエル・パストリッチ　154
おわりに――解説をかねて　川瀬俊治　156

凡例

1 収録コラムは主に韓国のインターネットに発表したコラムを掲載したが、編集時点（二〇一九年六月二五日）の状況を反映している。 2 欧米人の人名は広く知られている人物以外は英語を付した。さらにネットで検索していただくためだ。韓国・朝鮮名は初出のルビをふした。 3 発表メディアは本書の最終ページ（一七五頁）にメディア名と主なコラムの題名を記した。

I

東アジアよ、武器よさらば

第一章　日本の「平和憲法」は「過去」ではなく「未来」である

◆「平和憲法」こそ日本の利点

世界の安全保障における日本の今後の役割は、アジア太平洋戦争終結七〇年を経て、東アジアにおいて多くの関心を集めている最も重要な問題である。残念ながら、従来型の軍事力を主張する日本の保守派の動きは、「普通の国」の地位を獲得することがその前提条件であると考え、東アジアにおける政治的緊張を急激に高め、日本が長期的にいかなる意図をもっているのかについて、深い憂慮の念を抱かせている。

多くの日本国民は、このように急激に軍事力強化を推進する合理的理由、そして平和憲法による軍事行動の制限をなくし、日本が世界中に軍事技術を提供することに疑問をもっている。

日本の現政権はそのような目的のため、憲法九条の「陸海空軍その他の戦力はこれを保持しない」という明確な規定の逸脱した解釈が可能な「集団的自衛権」という曖昧な概念を採用している。

日本の保守派はG7の一員としての国際的責任を担うために、軍事力を行使できる「普通の国」にならなければならないと主張する。しかしながら、実際のところ、世界第八位の軍事費国である日本は、すでに軍事支出においていかなる「普通の国」をもはるかに凌《しの》いでいるのである。

世界のリーダー級となり、国際的な問題において中心的な役割を果たしたいという日本の願望は、たしかに理解できるものではある。日本には強い経済力、複数の最先端技術、注目すべき文化的伝統がある。だが、日本国民は次のように、自らに真摯に問うてみる必要がある。「日本が世界のリーダーになるには、平和憲法を放棄するのがいいのか？　それともこれを守り、活かすのがいいのか？」と。

私たちが生きるこの時代に、大いにかかわりがあると思われる平和憲法という「提案」に対して、多くの人たちが眉をしかめる。最近、日本の安全保障に関する代表的な専門家であるロバート・デュジャリック（Robert Dujarric, テンプル大学日本キャンパス現代アジア研究所長。エール大学大学院時代から西洋以外で近代化に成功した日本や韓国に関心を抱いてきた研究者）は、平和憲法に対して拒絶反応を示して、「九条は…危険な世界で生き残るのには不向きである。気高い魅力あるものではあるが、政策とはいえない」と書いている。二〇一五年七月二四日の『The Diplomat』には、「憲法九条が既に六〇年前に骨抜きになり、憲法史のゴミ箱に移されていると、誰もがわかる。（安保法案について）提出された法案を違憲だと批判するのは、とっくに死体を撃ったとして、ガンマンを起訴するようなものである」と書いた。

だが、「平和憲法」と、世界で生き残るということが相容れないというのは、一体、どういったことであろうか？　疑いなく、今日における最大の脅威は世界の沿岸部主要都市を荒廃させ、食糧生産の大幅な低下をもたらし、広大な居住不能地域を生み出してしまうであろう気候変動である。現在の地球では水害によって水没する地域と、砂漠化する地域の二極化が進んでいるが、ＮＡＳＡゴダード宇宙科学研究所所長のジェームズ・ハンセン（James Hansen）を中心におこなわれた最近の研究では、地球環境を維持するために温度が二度上昇することを防ごうとする国際的合意の範囲内にとどまっていると、南極とグリーンランドの氷河が溶けるのを回避しえないと指摘している。結果として砂漠化した地域では生活に必要な水が得られず、海抜の低い地域にある多くの都市が海に沈むことを指摘している。だから、東京・上海・釜山といった多数の主要都市が海水に浸かってしまう予測が立つ。

「平和憲法」は、そのような生存の脅威に対応するために、世界中の国々と連携しようとする日本にとって大きな利点と成り得るだろう。たとえば、平和憲法にもとづき、温暖化する世界における生存には関係のない戦車や戦闘機などの技術ではなく、気候変動問題という新たな非軍事的な脅威のために専ら資源を活用するように国家に求めることができる。その結果、軍事的圧力によって圧迫する日本ではなく、安全保障問題における、初の真のリーダーとしての日本となることができるであろう。

すでに日本は、悪化する一方の環境に対応する気候変動への適応と緩和のための、太陽光や風力、バッテリーその他のシステムに関する高度な技術をもっている。過大な軍事力によって深刻な問題に直面するアメリカを、日本の安全保障戦略のモデルにしようとするのではなく、むしろ、すべての専門家が合意する安全保障上の脅威に焦点をあてて、より建設的な方向へと行動すべきだ。

自衛隊を、完全に九条の実現をサポートする組織へと改編することは可能であり、九条を否定するものではなく、むしろ、憲法九条の真の制度的革新のモデルとなりうる。たとえば未来の陸上自衛隊は、世界中の土地の劣化や森林破壊に対処する、砂漠化という世界的な戦いに力を注ぐことができるだろう。

海上自衛隊は、海面の温度上昇と酸性化による世界の脅威に対抗することに注力することができる。また、気候変動に関連した人道支援をおこなうとともに、海洋での乱獲をやめさせることができよう。航空自衛隊は空から地球温暖化の影響を調査し、大気に関する問題への対処に、その資源を充てることができるであろう。

しかし、軍事の改革というのは簡単なことではない。安全保障の優先順位を、根本的に再考することを余儀なくされるのは、歴史上はじめてかもしれない。この挑戦を、日本は勇敢な革新と制度改革の伝統に復帰する機会だととらえれば良いだろう。このような安全保障戦略は、地球温暖化、気候変動という新たな脅威に特化した安全保障のネットワークの中心を日本に構築し、アジア全域そして世界中の国々との密接な関与を必要とする。

従来型の軍事の枠を越えるこのような改革は、非現実的な平和主義ではなく、安全保障の質的変化に対応するための日本の歴史的な決断である。日本はかつて、完全な自主性をもって平和憲法を選択したとは言い難いが、今日の日本はみずからの運命を選択し、みずからの意志で気候変化の脅威に対処するため、世界各国と調整をおこなうリーダーとなることができるのである。

◆実効性を増す日本国憲法の思想

日本国憲法は、第二次世界大戦による大量破壊への深い反省から生まれた。アメリカ側ではオールド・リベラリストたちが、将来の破滅的な紛争を回避する手段として一九二八年に締結された不戦条約の文言の一部を新憲法に盛り込むことを望んだ。同時に、一九四六年一一月三〇日に憲法が公布された時には、広島・長崎の原爆使用による恐ろしい破壊が、日米双方の心に焼きついていた。

当時、将来の国際関係についての議論を牽引していた物理学者のアルバート・アインシュタイン博士は、この時、「原子力の使用はあらゆることについての私たちの考え方を一変させました。そして、これが私たちを未曾有の大惨事へと向かわせているのです」と論評した。テクノロジーの進化が、戦争を、国際問題を解決する手段としてもはや行使しえないほどに破壊的なものにしており、新しいシステムが必要だとアインシュタインは主張した。彼は日本の憲法起草に直接関与はしていないが、彼の著作と思想は、国連の設立に先立つ議論に大いに影響を与えた。かろうじて、私たちはどうにかこの七〇年のあいだ、核兵器のさらなる使用を回避することができたが、アインシュタインの懸念は今日においてより一段と深刻なものである。

技術の進歩は「ムーアの法則」（Moore's Law）として、ゴートン・ムーア（インテルの創業者）が一九六五年の博士論文で指摘した。「半導体の集積率は一八か月で二倍になる」と指摘されるように幾何学的な加速度で発展し、そのため人類にとってより危険な技術が次々に開発され、コンパクトな核兵器、無人爆撃機のような非人道的な兵器などのコストは低下し、国家だけではなく武装グループや個人さえも、それを入手することが不可能でなくなる日も遠くないだろう。このような兵器に軍事的に対抗することは難しい。唯一の対抗策は、製作を全面的に禁じることとしかない。

大規模な武器備蓄は、テロへの対応として、警察の行動と比較しても、あまり効果がないことは明らかである。イラク戦争以来のアメリカの軍事作戦が、かえって周辺諸国とアメリカの安全と治安を害しているという認識にも間違いはない。世界最大の軍事大国アメリカは、中国、サウジアラビア、インド、フランス、ロシア、イギリス、ドイツ、日本のアメリカ以下八大軍事大国の軍事費の合計を上回る軍事費を支出している。しかし、今アメリカは歳入減少のときを迎えている。

伝統的な形の軍事力の使用が、従来の安全保障上の懸念を解決するのに効果がないことが証明され、イラク、アフガニスタン、リビア、シリアへの武力行使は比類のない惨禍を生み出した。問題は軍事戦略が間違っている、ということではなく、グローバル化し、相互につながりあったこの世界にあって、紛争を軍事作戦という手段によって解決するのは不可能だということだ。この状況のもとで、日本国憲法の思想はその必要性と実効性を増している。

アメリカが平和憲法を採用することによって、世界中で緊張は減少するだけでなく、さらに根本的な問題であるアメリカの経済システムの中心的な歪みに対処することができ、世界経済を変えることもできる。すなわち、軍事の根本的な優先順位をあらため、気候変動への対応を、すべての経済および安全保障計画における主要な関心事とする必要がある。そうしなければ、人類は大量絶滅というリスクに直面する。

私たちが存続していくためには、次の認識を共有することが必要である。個人や団体による誤った暴力への効果的な対応は、警察力と司法によるものであるということ。そして、これまで軍備などに用いられてきたものも含めて、その他のすべての資源を、気候変動の緩和とこれへの適応に捧げなければならないということだ。将来起きるかもしれない紛争の可能性のために、巨大な空母や新型兵器を製造し、膨大なエネルギーを用いてそれらを維持していくような贅沢は、もはや私たちには無意味なことなのだ。その点で、日本の憲法九条は素朴な平和主義ではない。現在の国際社会の現実に則した、現実的な選択肢なのである。一九五五年、バートランド・ラッセル博士とアルバート・アインシュタイン博士をはじめとした指導的知識人たちが、共産主義陣営と反共産主義陣営による世界戦争へと向かう歩みを非難する宣言を作成し、これに署名するためにロンドンに集まった。この宣言（ラッセル・アインシュタイン宣言）の署名者の中にはノーベル賞受賞者の湯川秀樹博士とライナス・ポーリング（Linus Pauling）博士も含まれていた。彼らは当時、アメリカとソ連を席巻していた核兵器使用についての無謀な議論、そして戦争へと向かって突き進むことが全人類の脅威である、と主張することを躊躇しなかった。そして、宣言の中に技術の進歩、すなわち原子爆弾の開発が人類の歴史を変えたと記したのである。

「ここに私たちが皆に提出する問題、きびしく、恐ろしく、おそらく、そして避けることのできない問題がある――私たちは人類に絶滅をもたらすか、それとも人類が戦争を放棄するか？」

最近の動きをみれば、それよりも危ない政治情勢にもなっている。いまこそ行動する時である。アメリカが平和憲法を採用することは、現実的な課題であり、ノーム・チョムスキー博士の書、『覇権と生存の選択肢（hegemony or survival）』が現実味を帯びてくる。今、人類は絶滅への道を進むのか、生存の道を選択できるのか、岐路に立たされている。このまま環境問題や軍事の問題に手を拱《こまね》いていれば、いずれ近い将来にテロに対する報復の戦争というかたちで、核戦争に突き進み、人類は滅亡の危機に瀕するだろうと警告する。

◆日本国憲法の空洞化とアメリカ

過去三〇年間、アメリカ合衆国は、日本に対して軍事費を増大し、地球規模で米軍を支援する役割を果たすよう促してきた。しかし、日本防衛への「ただ乗り」をやめろという、ワシントンから東京への要求によってもたらされた、日本再軍備への衝動は、結果として東アジアを大いに不安定化させている。日本の軍拡による不安定化は、安倍政権のもとでその勢いを増している。中国や韓国などの国々は、日本の軍国主義復活を深く憂慮している。北朝鮮の核問題とともに、軍拡競争の主たるリスク要因をここに見出すことができる。憲法九条に象徴される日本の軍事的規制が、全面的に解除されることになれば、アジアはもちろん、世界の不安定を増大させる要因となる可能性が高い。

日本の安倍政権は九条の解釈改憲を推し進め、安保法制を転換させている。安倍政権は、日本とは直接かかわりのない海外の紛争に自衛隊を派遣するための口実として、集団的自衛権の行使容認を行ない、憲法を改正することなく、九条の根本的な解釈変更を進めてきた。その説明のために「積極的平和主義」というわかりにくい用語を造っている。

東アジアで日本再軍備への深い不信感が続くなか、この地域の緊張緩和と外交・軍事・経済分野における日韓との緊密なパートナーシップを実現するため、アメリカが数々の外交的努力にのり出している。だが、日本の平和憲法放棄を推進するにあたって大きな役割を果たしてきたのがアメリカ自身であるために、アメリカの取り組みにはそもそも説得力があまりない。いわゆるパシフィック・ピボット戦略（アジア太平洋重視戦略）においてアメリカは、同盟国である日本と韓国の軍事能力増強を奨励する結果として、日・韓・中のあいだの軍事競争を培っている。アメリカが外交の次元で、日韓のあいだの緊張を緩和しようとするというのは飾り物にすぎない。このジレンマから抜け出す方法があるようには思えない。だが、これはアメリカには関係のない問題であり得るだろうか？　アメリカは、平和憲法から遠ざかるように日本に促すよりもむしろ、九条の誕生と深いかかわりのある国として、国際紛争を解決する手段としての武力による威嚇、または武力の行使を放棄する精神と論理を、受け入れなければならないのではないか。そして、自らの憲法においてもこのような改正を行なうべきではないか。

◆早期に議論の転換を

今後二〇年のあいだに、人類の活動を気候変動に焦点をあてたものに、変えていく必要についての諸合意があるであろう。しかし、私たちがそこにたどり着くまでの合意プロセスの進行が遅すぎるならば、悲劇的な事態は避けられない。気候変動こそ、最大の安全保障上の脅威である。私たちは今、存続のためには、安全保障のためのきわめて合理的なアプローチを推進するよりほかない。アメリカが平和憲法の価値を認めることは、その一歩となろう。

最大の障害は、経済的かつ政治的にパワーを持つ軍需産業の存在である。特にアメリカではその傾向が深刻であるが、日本などの国々ではそのアメリカの影響が大きい。アメリカ経済の歪みは深刻であり、国際的なアメリカの軍事的関与は逆効果をもたらしている。現在のシステムを受け入れている人びとに対し、気候変動の脅威が、選択の余地がないほど大きい問題であることを説得力をもって主張する必要がある。既存の政治的対立を越えて議論を進めていく必要がある。大きくなりすぎた軍隊は、軍自身にとっても恐ろしい脅威であり、少なくない兵士や将校が、自分たちが制御不能の怪物のような状況に置かれていると感じている。近年、気候変動による災害が頻発し、軍に救助の要請が来ることなどからも、軍内部には、気候変動が最も重要な安全保障上の脅威である、と認識している専門家も少なくない。

そうした専門家を交えて、国家が重大な危機状態に達した時に採用されるべき、軍の機能と構造の根本的な変更への提案を検討する必要があろう（軍からすべての資金を取り上げ、これを別の機関に与えることは、とりわけアメリカにおいては政治的次元では非現実的である）。そして同時に、そのような転換を実行することができそうにない人びとに対して、有効な議論をしていく必要がある。

たとえば、私たちは、将校たちが精通している専門用語と論理を使って、今アメリカ国防省が公表している四年毎の国防計画の見直し（Quadrennial Defense Review）への代案を提示し、具体的に軍事予算をどのように気候変動に対する対応と予防に使うのかを詳細に検討するべきだ。そこでは軍隊の旧来の伝統的な存在様式についても、根本的に再検討がなされなければならない。気候変動への対応が最優先の課題であることを考えれば、海軍が持つべきは巨大な空母や艦載機ではなく、最新鋭の海洋調査船である。気候変動の海洋生態系への影響がどのようなものであるか、その知的空白の部分は、アメリカの海軍が用いている膨大な資金とエネルギーとをそれに振り向ければ、速やかに埋められていくであろう。こうした提案が、まさに安全保障問題についての議論であることを、旧来の枠組みにもとづく議論に慣れた人々にも納得してもらわなければならない。

◆軍の真の役割

平和憲法は私たちに、軍の役割について深く考え直すよう要求する。それは個人や小さなグループによって成し得るものではないが、むしろそれは結果ではなく、プロセスでなくてはならない。気候変動が最大の危機であることが常識になるまでに、多くの努力が必要である。人類の生存の脅威に焦点をあてた、地球規模の軍事システムの新たなビジョンを示すための創造性が必要である。軍隊の存在する目的を、人々を殺害することだけに限定することはない。軍は、人々の利益のために自分を犠牲にする、献身的な個人の規律化された集団である。重要なことは、何を目的として献身するのか、という点である。気候変動への対応には、まさにそのような献身的でパワーのある集団を必要とする。

一九五五年四月一八日に死去する数日前、アルバート・アインシュタインは哲学者のバートランド・ラッセルとともに、「ラッセル－アインシュタイン宣言」（前出）として知られるようになった文書に署名した。この注目すべき文書には、単純な平和主義は説かれていない。その内容は、安全保障問題の原因究明に専念するあらゆる思慮深い軍人にも、完全に理解できるものである。

この宣言には今日においてもなお当時と変わらない重要性をもつ、以下のようなメッセージがある。

私たちの前には、もし私たちがそれを選ぶならば、幸福と知識の絶えまない進歩がある。私たちの争いを忘れることができぬからといって、そのかわりに、私たちは死を選ぶのであろうか？　私たちは、人類として、人類に向かって訴える――あなたがたの人間性を心に止め、そしてその他のことを忘れよ、と。もしそれができるならば、道は新しい楽園へむかってひらけている。もしできないならば、あなたがたのまえには全面的な死の危険が横たわっている。これをもって、アメリカの平和憲法、そして新たな文明の到来を告げるための出発点としようではないか。

第二章　日本の自衛隊が世界を救う

◆軍拡競争からどう脱却するか

領土問題をめぐる中国と日本のあいだの緊張の高まりは、韓国との「慰安婦」などの歴史問題をめぐる論争と組み合わさり、日本が隣国から軍事的にも政治的にも攻撃的だと思われる政治的な環境を作り出している。この傾向は、なお核廃棄で不透明な部分がある朝鮮民主主義人民共和国（北朝鮮）や、中国との対立に備えてますます保守反動化している米軍と相まっている。こうした不信と対立のムードは、北東アジアに国が関与する大規模な軍備競争を呼び起こすだけでなく、おそらく東南アジアをも巻き込むかもしれない。今こそ真の指導者として、日本は道徳的な勇気を奮い起こす瞬間である。日本は前進し、地域のすべての国との安全保障問題に関する誠実かつ実践的な対話に、競争ではなく協力を促す透明な方法で従事しなければならない。それは共同によるもので、安全保障問題への新しい、革新的なアプローチを示唆している必要がある。

日本の安全保障と防衛政策は、冷戦に基づく抑止と封じ込めという想像力に欠ける時代遅れの発想ではなく、新興の非伝統的な脅威への対策に立脚することを、われわれは確認する必要がある。日本がこうした転換を行うことができれば、日本は追従者ではなく、真のリーダーの役割を果たすことができる。

二〇一五年にパリで開催された第二一回気候変動枠組条約締約国（COP21）では、日本、韓国、中国、及びASEAN諸国間の軍事における緊密な協力のための基礎となるべき開発のため、低炭素モデルへの迅速な移行の具体的な要求がなされた。二〇一八年に開催されたCOP24では、議長四人が地球の岐路を警告した。気候変動に関する政府間パネル（IPCC）は、気温上昇を一・五度の目標値内に抑えるには、各国政府が温室効果ガスの排出を二〇三〇年までに四五％削減しなければならないとした。全世界的に目標値を実現するには、二酸化炭素排出量の思い切った削減が必要になるだろうとの見解である。

アジア各国の軍が、気候変動の緩和と環境適応を達成するため、どう転換して行けばよいかについて、日本の自衛隊は、アジア共同体のすべてのメンバーとともに濃密な対談の場を開き、軍事において新たな国際協力の文化を築くことを目指すべきである。

まず日本の自衛隊が一〇〇％再生可能エネルギー政策を推進し、緑の革命において重要な役割を果たすことが最初のステップである。経済の他の部分とは異なり、自衛隊は、組織内で用いられるすべての車両を二年以内に電気化することを、単に命令によって遂行できる上、国家安全保障の利益のために、すべての拠点のすべての建物に太陽光パネルの使用を主張できる。自衛隊は、組織内でソーラーパネル、風力発電所、燃料電池の初の大規模な市場を確立することができ、それゆえ当該製品の確実な需要があることを、保証できるようになる。しかし、われわれはそれよりも先に進む必要がある。すでに環太平洋合同演習（「Rim of the Pacific Exercise」、以下RIMPAC）によって確立された軍軍間の交流の伝統の上に、さらに広範な協力のためのプラットフォームを構築することが可能だからだ。

アメリカ海軍の太平洋艦隊は、世界的な軍事協力の促進のために、RIMPACを隔年の六月と七月に真珠湾で実施しており、ＲＩＭＰＡＣは東アジアにおける地域の緊張を減じ、非常に成功していると言える。

ＲＩＭＰＡＣは、環太平洋全域から各軍の代表を軍事演習に招待し、相互運用性の強化を促進し、より広範囲の軍事シナリオのために備えることを目的としている。この合同演習は、結果として個人的な関係の強化と、実務レベルでの軍事協力関係の成長を、地域全体にもたらしている。

注目すべきは五年前、オバマ政権のときだ。二〇一四年の合同演習に海上自衛隊も含むアメリカ主催の大規模な海上訓練としては初めて、中国人民解放軍海軍が参加したことである。真にグローバルな協力のチャンスが生まれるであろう。ドナルド・トランプ大統領は気まぐれに合同演習をしたりしなかったりを繰り返し、伝統的なＲＩＭＰＡＣの軍事交流が今も守られているとは言い難い。もしも日本の自衛隊が率先して気候変動の問題に対応する機関となった場合、その技術や実践のノウハウは、ＲＩＭＰＡＣの軍事交流を通して世界各国に広める事が可能になるであろう。人類にとって軍が人を殺すために存在する機関でなくなり、戦争よりも人類の生存のために働く機関となる事は、必要不可欠なものである。そもそも軍そのものを否定する平和論者も数多くいるが、自衛隊を皮切りにして、世界的に軍の役割が気候変動対策に携わるものにシフトしていけば、自ずと必要なことは戦争ではなく、われわれの生きる地球の環境保全をすることであると、世界各国の軍が理解できるようになるであろう。複雑で多国間の応答を要求される、サイバー戦争や気候変動などの問題に対する真剣な多国間の軍事協力は、私たちの未来であり、日本はこの現実を受け入れるために、迅速に動く必要がある。

日本は、地域で新しいレベルの信頼を構築するために、環太平洋諸国から実務レベルの役員らを招聘し、新たな緊張を引き起こすのではなく、団結の機会になるようなＲＩＭＰＡＣ――「対気候変動ＲＩＭＰＡＣ」を提案するべきだ。それは二〇一四年一一月にバラク・オバマ大統領と習近平首席が会談で交わした軍事協力、気候変動への共同対応のための合意に基づいて構築できるが、軍の転換において日本を主要なプレーヤーにする方法で行うことだ。各国の軍が気候変動対策で必要な情報や技術を伝授し合い、実践に移す。このような新しい合同演習は、安全保障上の最大の脅威である気候変動に焦点を当てる必要があり、こうした合同演習には東南アジアと中央アジアの国々も協力できる。

二〇一六年の大統領選挙中には、気候変動の脅威を信じなかったトランプ大統領は、今でこそ気候変動は人間の生活が影響している科学的根拠がある事を、少しは認めるようになった。しかし彼は、事の重大さを理解しているとは言えず、パリ協定離脱を表明し、ＮＡＳＡの地球温暖化ガス調査活動予算を削減した。中国を戦争の相手国と見なす彼にとっては、気候変動の問題は眼中にない。

ＮＡＳＡの有名な科学者ジェームズ・ハンセン博士（アメリカの環境科学者。一九四一生まれ。「地球温暖化問題の父」と呼ばれる。邦訳に『地球温暖化との闘い――すべては未来の子どもたちのために』）は、最近の海面の急激な上昇についてのレポートで、気候変動の脅威に対するグローバルな対応を策定することは、アジアのすべての軍隊――特に海軍にとって最優先事項であるべきだと指摘する。

しかし、まだわれわれは軍の革命的な再編成、および気候変動の緩和や適応などの課題に対応するために必要な話し合いすら、開始していない。日本がリーダーシップを発揮できれば、自衛隊の若者にも真の奉仕と献身の文化が根付くだろう。対気候変動ＲＩＭＰＡＣの合同演習は、洪水時の避難、災害救援や嵐や洪水からの復興など、気候変動に起因する安全保障上の課題のための訓練が焦点になる。

二〇〇八年のサイクロン・ナルギスや、二〇一八年に日本を襲った台風21号のような最近の超大型台風は、こうした対応が、アジアでますます重要になってきていることを示している。このような嵐がますます北上すれば、われわれはこれらの緊急事態へのグローバルで広範な協力が必要になる。救助や救援演習に加えて、対気候変動RIMPACは、アジアの各軍（とアメリカ太平洋軍）が幅広い用途で環境に配慮した新技術を披露し、競い合うグローバルコンテストとして機能することもできる。こうした取り組みはアジアの各軍のあいだに、ネガティブではなくポジティブな競争をもたらす。

アメリカ国防省の「エネルギーの信頼性と安全保障のためのスマートパワー・インフラストラクチャ・デモンストレーション（SPIDERS）」は、何ができるかを示す良い例である。SPIDERSプログラムは二〇一三年に世界で初めて、九〇パーセントの再生可能エネルギーの入力を処理する、マイクログリッドのテストを成功させた。マイクログリッドとは、地域において必要な電力の比重を計算し、電力が余っている場所とそうでない場所を把握して、電力を融通するバランサーのようなものである。

SPIDERS参加国は、太陽光発電や風力発電、燃料電池、電力網、環境保全の実践や、利用多国間のプラットフォームを使用して、海の状態を監視するための監視技術などの分野で、新技術を競うことができる。このような努力は、自衛隊やアジアの各軍を、恥ずべき資源の浪費者ではなく、環境保全のリーダーに変えるだろう。こうした競争は、各国の軍を招待し、気候変動に関連する分野で、それぞれの先進性について論文を発表する国際会議を開催することで、さらに成果を上げることができる。

リサイクル、エネルギー効率、水の安全保障、電気モーターや砂漠化の防止に関連する軍事政策や新技術といったトピックを発表の対象にすればどうだろう。また軍事協定によってすべての無人島開発を禁止し生態保護地区に設定し、紛争の可能性を減らすことも同様に重要である。

福田康夫元首相は、かつて日本経済新聞とのインタビューで、中国とアメリカの間の競争の緩和に、日本が積極的な役割を果たしうることを提唱した。発言の趣旨はこうだ。「中東やウクライナから距離が離れている日本は感覚が鈍い。議長国として、解決の中心的な役割を果たさなければならない。来年は国連安全保障理事会の非常任理事国にもなる。世界秩序をどう組み立てるかという議論がもっと必要になる」。

こうした意見は、新しい日本の役割のためのインスピレーションにはならないだろうか。世界に類を見ない平和憲法を持つ日本は、それ故に海外からは平和を維持する国として、一目おかれている存在なのだ。その日本が、積極的に他国同士の緊張緩和に一役買うのは、他の国では成し得ない立場にいるからだ。残念ながら安倍晋三総理大臣は改憲を悲願と言い、アジア諸国に緊張を持たらすほど右傾化しているが、福田氏の発言には、平和憲法を持つ国としての前提がそこにあったように思う。

現状では、気候変動における軍の役割に特化したシンクタンクが世界中に一切ない。気候変動に関する世界的な合意の上、気候変動への対応の一環として、軍事改革に焦点を当てたシンクタンクは、アジア各国の軍事指導者たちがいかなる政治的対立の恐れなしに、さまざまなトピックに関する議論を行える中立的な場を提供するだろう。日本がこのようなシンクタンクを創設すれば、平和憲法と整合し、広くアジアに尊敬される自衛隊のための新しいグローバルな役割も明らかになる。

対気候変動ＲＩＭＰＡＣは、自衛隊を、世界中のパートナー、特に隣国である韓国、中国およびアメリカと共に、二一世紀の真の脅威に、地球規模で取り組む組織に変えるための、大きな挑戦の一部なのだ。

第三章　戦争する国からの脱却――「安保」観を変える憲法九条

◆武器を禁止する厳重な合意案に向けて

今や技術は前例のない速度で進化している。「ムーアの法則」（第一章参照）のような急激な変化はとても予測できない部分もあれば、安保分野のように甚大な影響を及ぼすであろうと予測できる部分もある。たしかに将来の安保問題は、今までとはだいぶ性格が異なるであろう。そのため、どのような手段を使用するかについて、再考が要求されるのは当然である。でも今のところ日本の政治家、官僚、学者が「安保」を考えるには、非常に可能性の低い北朝鮮の核兵器攻撃を仮定として、軍事準備には莫大な資金を投入しながらも、気候変動のように生死の問題に直結する問題へ取り組む機会は、逃しているのである。

安保問題の解決には多国の協調が必要で、今は前時代の暗黙的な想定や、安保概念の偏狭な偏見を超えて韓国、日本、中国、そして、アメリカが、互いに緊密に議論していかなければならないが、その際、注意しなければならない点が二つある。第一に、今後の技術変化が、不必要な武器体系を生み出す要因になる可能性を追及しなければならない。また、軍事的なイシューについても、より慎重に再考する必要性を常に疑うべきである。もしかすると、これは今まで想像してきた、伝統的な民族・国家の域をはるかに超えるものかもしれない。第二に、普遍的な倫理観を以って、破壊的な潜在力を持つ次世代の武器体系の開発を制限するべきか、それとも、一層厳重な武器制限条約を作ることによって、より厳しく規制するべきかを考慮しなければならない。そして、気候変動に対する適応や緩和に必要な費用を考慮した場合、はたして今後、二〇年間、従来型武器の費用を賄う予算があるのかについても、問いただすべきであろう。

今こそ、人類の貴重な資源が、人類生存に不可欠な基本的条件に効果的に使用されるよう、武器を制限し、禁止する厳重な合意案を作るべきではないであろうか。

◆技術は安保の本質をどう変えるのか？

はたして最新技術が、今まで武器体系が担っていた重要な役割を代行し、それにより軍事紛争の本質は変わるだろうか。われわれ自身は、人の本性をよくわかっているつもりでいても、実はよくわからない。だから将来、人間同士の争いがなくなったり、戦争抑止の必要性がなくなるだろうと仮定してはならない。一度に多くの人を殺傷できる技術は、日に日にコストが安くなっているし、しかもこのような技術を小規模集団や個人さえも手に入れやすくなっているため、これにどう対応していくかを、絶えず考えておく必要がある。しかし将来、急速に解体しつつある民族・国家間で、戦争が勃発するのかどうかは確かではない。また昔、紛争の解決のために使っていた武器が、そのまま将来にも役に立つかどうかは不確かである。

今後、われわれが最も考慮すべき重要な変化は、（一）ドローンやロボットの出現、（二）サイバー戦争の精巧さ、（三）３Ｄプリンター（三次元）や、その他非伝統的手段を駆使した物体伝送方式の出現、この三つである。従来の軍隊は、戦車、戦闘機、ミサイル、軍艦及び航空母艦などによって構成されており、これらはみな高価なばかりでなく、新たな武器にはとても脆弱である。

ドローンやロボットの場合、現在の技術力はまだ原始的なレベルだが、今後、世界を大きく変えるであろうと期待されている。もちろん、ロボットの潜在力を過小評価してはいけないが、今後、ドローンがこの変化を主導していくことは確実である。ドローンは一段と小型化して、俊敏性を増すであろう。ひいては、ミクロの大きさにまで縮小され、ドローンの自己調整能力さえも可能になる時がくるであろう。今後、ドローンの攻撃力が向上すれば、双方の抑止が働くであろうが、数千機もの超小型ドローンによって莫大な被害がもたらされる未来を想像することも、そう難しいことではあるまい。

ロボットはこれから、より大きな役割をするであろう。現在、致命的な攻撃を制御できる立場にまだ人間は立っているが、ロボットによる自動化のせいで、そうした制御に参加する過程から人間が外されることになろう。そうなれば、罪のない民間人に対する被害は、ますます多くなることに決まっている。すでに一生懸命に働いている、この殺人マシンの設計者たちが、アシモフのロボット工学の倫理に関する三原則をこれに適用する可能性は、まずないであろう。

また、サイバー戦争は、われわれに巨大な挑戦をもたらすことになる。いとも簡単に、敵がわれわれの武器を奪い取り、サイバー機能を利用してわれわれに対してわれわれの武器を使う可能性もあろう。そのため、われわれをハッキングすらできない在来の武器体系へ、後戻りしなければならないことになるかもしれない。バーチャルリアリティ、ゲーム、広告、さらに宣伝や芸術などと結合して、複雑な連続体を形成することによって、それを統制、または抑制しなければならない深刻な挑戦をもたらすであろう。若者がゲームに催眠され、戦争が来ることさえわからなくなるのは、新たな戦争戦略の重要な一部になっている。
しかも、このような能力は、民族・国家ではなく、特定勢力に悪用される可能性が高く、国際的な広範囲にわたる衝突につながる可能性もある。また、われわれが今まで保持してきた国家安保政策の基本方針は、例外なく近代国家間の戦争を前提として計画したものであったが、これからの対立、または紛糾においては、最も基礎的な概念が違ってくる。不安定で分裂した国際社会の秩序のもとでは、一般市民はそれを民族・国家間の戦争だと見なしても、戦争は国家間の争いへと展開して行かない可能性が高い。

３Ｄプリンティングは最先端技術であり、軍事的用途に関してはどのように使用されるか、今のところ、完璧に予測することは難しいが、既に産業の版図を変える重要な技術として見なされているのは事実である。３Ｄプリンティングは、３Ｄプリンターに提供されるデジタル情報により、以前の技術では製造できなかったもの、例えば、武器をも含めた色々な機械装置などを作り出す可能性を提供している。３Ｄプリンティングは、過去二〇年間の工場で行われてきたＣＮＣルーティング、ミーリング、押出成形及び切削加工技術の拡張ともいえるが、その規模や普遍性といった点においては、比べ物にはならない。熱可塑性樹脂の小さな水玉を作って立体的な物体が作れる、理論的には、３Ｄプリンティングを使用すれば物流を介さずに、周りにある材料で武器を作ることが可能になる。

現在、アメリカや日本がこの新技術を先導しているという理由だけで、今の状況が維持できると過信してはならない。アメリカはドローン、サイバー戦争及び３Ｄプリンティングの使用に関する厳格な条約の締結がなされるよう、最優先的に政策を推進しなければならない。なぜなら、この技術は日々、価格低下が進み、他の国が短期間で世界市場を制圧することも可能だからである。これは既存の国家政府や正常な組織にとって、決して有利な状況ではない。

今後、ますます民族や国家の分裂を目の当たりにすることであろう。サイバー戦争は、仮想現実、ゲーム、広告、宣伝及び芸術と複雑に絡み合っており、この特異な連続体の管理、取締りはとても難しく、深刻な問題になるのは間違いない。われわれは、すでに存在する武器体系に絶対的信頼をおいてもならないし、既存の武器がもはや目的を果たせなくなったとすれば、果敢に放棄しなければならない。単に金銭的利益やプライドの維持のために、特定の防御体系を維持することは、無責任で愚かなことである。

◆安保論争を変える気候変動

伝統的な軍事技術が正当化されるとしても、われわれは気候変動に適応し、これを軽減するのに莫大な費用がかかることや、従来型武器を持続的に開発する費用が、もうすぐ無くなるという事実を、素直に受け止めなければならない。人間の生存を脅かす気候変動の急速な進行状況を考慮した場合、安保の概念を全面的に考え直さなければならないのである。これからは、ガス排出の減少、汚染された水質や土壌の浄化、森やその他の自然を復元するのに、根本的な支出を増やしていくしかないであろう。わかりやすく言えば、これ以上、従来の軍費支出に必要な資金は残っていない。結局のところ、費用を賄うことができないという現実的な理由で、軍事兵器を大幅に削減する国際的な軍備統制体系を、構築するしかない。

好むか好まざるかは別にして、世界中で核兵器を廃絶して、戦闘機、戦車及びその他の従来型武器を大幅に削減する合意案を結ばなければならない。われわれは、まったく新たな経済を再構想する必要に迫られているからだ。現在、情報機関、軍隊や外交のために使用される経費のほとんどが、今後は気候変動による深刻な問題を解決するのに使用されるであろう。そしてこれは直接、経済計画に反映される厳しい監視のもとで、実行されなければならない。もちろん、海軍、陸軍、情報機関などは、それぞれに矜持があって、今手にしている膨大な予算を簡単に手放さないと考えるかも知れない。しかし、気候変動の問題に向かうことで、軍隊や情報機関の役割が根本的に変化するなら、別の矜持が、軍隊や情報機関に生まれる可能性は十分にあるが、そうした軍隊や情報機関を、どう呼べば良いかが新たな問題にもなろう。しかし、それは大した問題ではない。大事なのは名前でなく中身、すなわち役割の根本的な変革である。

このビジョンは理想主義者の立場ではなく、むしろ、ほとんどの人が考えようともしない現実を直視する実用主義者の立場と認めるべきだ。安保の脅威に、真摯に立ち向かうのが軍隊の義務である。気候変動のような、安保を脅かす重大な要因をも解決できない武器体系を導入するために、巨額の契約を結んだり、巨額な支出をしたりすることは、もはや軍隊の義務ではないのである。

◆核戦争による人類の破滅

技術の幾何級数的な発展は、安保の概念を根本的に変えてしまい、人類史上、前例のない新たな脅威を生み出している。これはある程度、予測可能だった部分でもあり、国連の設立を始めとして、戦争を終わらせようとするいくつかの努力の背景にもなってきた。しかし、完璧な世界を追及することよりも、核兵器時代の到来やその他の破壊的な武器などによる戦争被害が拡大したため、今や一般的にも核兵器を絶対に規制しなければならないという認識が広まった。これを最も明確に訴えた人物が、前述したようにアルバート・アインシュタイン博士である。一九五五年にラッセル＝アインシュタイン宣言が出た時、第一章で紹介したその宣言の表現を想起してもらいたい。

今や、核戦争による人類の破滅はまだ起こってないとしても、その脅威は益々増大している。そして破壊的で、しかも手に入れやすくなった新武器の登場により、この脅威は徐々に現実味を増している。反面、技術の急激な発展に伴い、気候変動という、より大きな脅威が発生した。われわれは社会の発展から、多くのエネルギーを消耗するようになったが、残念ながら生態系に及ぼす影響はまったく考慮しなかった。

戦争を引き起こす能力や武器の開発、それらの使用を真剣に制限するためには、組織化された高度な国際システムが必要である。ここで言う国際システムとは、国連で構想した「包括的核実験禁止条約（Comprehensive Nuclear Test Ban Treaty、略称：ＣＴＢＴ）」や、「核拡散防止条約（Treaty on the Non-Proliferation of Nuclear Weapons、略称：ＮＰＴ）」などのようなものと、同様である。

たとえ現状がこれとは反対の方向に向かっており、アメリカが次世代の核兵器を開発するために一〇億ドルを注いでいるとしても、希望を捨てる理由にはならない。アメリカが従来型武器と核兵器の境界を曖昧にする小型核装置を開発して、核戦争の可能性を高めているという事実は不安材料ではあるが、だからといって、これが世界の終焉を意味しているわけでもない。

今こそ包括的な安全保障戦略を提案し、中国との軍事衝突を断じて拒否すべきである。日本人が勇気を出して、果敢に反対の方向に進むべき時なのである。ここで憲法九条をいだく日本の卓越性がそれを切り開くのである。それは日本が世界の本当のリーダーの一員になる道でもある。

第四章　韓国は創造的役割をはたす時代に

今日のアジアは第一次世界大戦直前の欧州と似ているという点で嘆かわしい。欧州の国々は帝国主義時代の矛盾が最大化した世界大戦を二回も経験し、数千万人の生命が殺害される場面を目撃し、核戦争がどれほど恐ろしいかを認識した後、一九七〇年代になって戦争予防のための協議に入った。

韓日中の知識人が、責任感を持って新しい安保パラダイムを主張する時期を、これ以上先送りすることはできない。具体的な平和秩序構想と軍縮を、本格的に検討しなければいけない。実際、東アジアで平和を議論するための多者会議体制は、すでに存在している。六カ国協議は北朝鮮の核問題を扱う会議体制だが、九・一九共同声明で東アジアの平和の可能性を探索しようという合意をしたことがある。東南アジア諸国連合（ASEAN）地域安保フォーラムや安保協力会議も、韓日中三カ国の平和問題を議論できる舞台となる可能性がある。

平和のための進取的な案もすでに提示されている。一九九五年にジョン・エンディコット（John Endicott）教授（韓国の私立大学又松大総長）が提案した「北東アジア制限的核兵器禁止区域設定案」もその一つだ。非核地帯論は南極非核地帯条約、東南アジア非核地帯など、すでに発効した八つの非核地帯の前例を基盤とするという点で効果的だった。北朝鮮を積極的に交渉に参加させるために、韓日中が北朝鮮とは関係なく、先に平和協定を交渉議題として提示することもできるだろう。

交渉は核兵器だけでなく軍備縮小に関する一連の交渉と並行しなければいけない。海軍艦艇、タンク、戦闘機、ミサイル防衛などに関する議論を進めることや軍事訓練監視装置も必要だ。そして無人航空機とロボット、３Ｄプリンティングとサイバー戦争など、新技術についても交渉を進めて条約に反映しなければいけない。全域ミサイル防衛は、包括的武器条約の一部として扱う必要がある。このように広範囲な軍縮交渉が行われれば、東アジアは世界をリードする模範になることができる。

アメリカと中国の信頼は、平和議論を成功させるための必須条件だ。しかし、中国を狙った挑発的な構想がむやみに流布している。韓国と日本・豪州などがアメリカの同盟として、中国の浮上を抑える対抗勢力になるべきだとしたり、アメリカ海軍が西太平洋区域で倍に増強されるべきだ、という主張が大衆の目と耳を幻惑させている。これは東アジアの安保構図をもつれさせ、結局、アメリカにもブーメランとなって返ってくるはずだ。中国も国際社会の責任の行動基準を受け入れるべきだが、アメリカも冷戦時代の二分法的な思考の限界を、抜け出すことが求められる。軍縮および平和議論は気候変動対応議論と並行されなければならない。気候変動はもう安保の脅威として扱うべきであり、国際社会が共同で対応するのが効果的だという点は明確になっている。

基本的な安保革新と創造に対する転換は結局、韓国に有利だ。一つは冷戦下にある朝鮮半島で、核対決の解決がどう進むか、世界の今後を占うからであり、もう一つは、地球上の地域の共通の問題である大気汚染、温暖化が顕著であり、気候変動が朝鮮半島情勢だからだ。韓国がもしこうした転換を主導できれば、アメリカ・中国・日本のあいだで懸け橋の役割だけでなく、軍隊革新の先導者となることもできるだろう。まだ残っている小さな希望の火を生かすことができれば、東アジアが平和と繁栄を先導する地域に変貌するのは十分に可能なことだ。

第五章　東アジアよ、武器よさらば

◆一〇〇年前のヨーロッパを彷彿とさせる東アジア

現在、東アジアは無数の課題を抱えている。東アジア諸国は領土問題、歴史認識、天然資源、さらには環太平洋の勢力均衡をめぐり互いに争っている。これらの課題すべてに対し、アメリカはつねに紋切り型のアプローチ、すなわち自由貿易と軍拡という薬を処方してきた。アメリカ合衆国が東アジアにおいて推し進めてきたＴＰＰ（環太平洋パートナーシップ）の批准が、成功する目途は今のところない。ＴＰＰは日本では車などの輸出において利益があると大きく報道されているが、農業の破壊や著作権法の解釈が変わり、アメリカの利益の為にＴＰＰ加盟国の国民の生活が大きく虐げられるようになることは、ほとんど表では報じられないのが現状だ。二〇一八年末にＴＰＰが発効したが、これから日本の食の安全、二次創作物の著作権の問題などで、日本国民の多くが不利益を被るのは確実になってきている。目下のところ、アメリカ政府は東アジアへの武器販売と軍事的役割分担という、古い対処法に舞い戻っている。

かつてのオバマ政権のアジア重視戦略（いわゆるアジア基軸）は、この地域の紛争に関するアメリカの軍事的対応の最新版にすぎない。長年、ワシントンは東アジアの同盟国に高価なアメリカ製武器システムの導入と、国防予算の増額を押しつけてきた。悲劇的にも、アメリカの軍事的福音の大団円は、大惨劇ともいえる紛争に終わるかもしれず、アメリカの東アジアの影響に終止符を打つものとなるかも知れない。

東アジアの経済的繁栄は世界の羨望の的である。しかし、近年東アジアでの軍事支出の増加の勢いが、一〇〇年前のヨーロッパを彷彿とさせるものとみなしても、あながち間違いではないであろう。実際、東アジアの国々は世界の軍事支出の上位を占めている。中国の軍事支出は世界第二位、日本は第九位、そして韓国は第一〇位とその順位を上げている（ストックホルム国際平和研究所の二〇一八年度世界の軍事費支出による）。ロシアは第六位であり地政学的に極東での役割は重要であり、中国、韓国との環境強化にも乗り出している。オーストラリアは第一三位。もちろんアメリカは一位の軍事支出国であり、第二位以下の八カ国の軍事支出を合わせてもアメリカに及ばない。アジア重視戦略によるアメリカの軍事支出の増加は、海軍の支出を除いて、ごくわずかに過ぎない。それは中国との対抗上の措置であり、アメリカは同盟国に軍事支出の増強をも迫っている。

ワシントンの強硬派は、アメリカがより強力な対応に出ることを望んでいる。たとえば、元国家安全保障問題担当大統領補佐官のヘンリー・キッシンジャーとズビグネフ・ブレジンスキーが一緒に設立した戦略国際問題研究所（Center for Strategic and International Studies）に、マイケル・グリーン博士やヴィクター・チャー博士は気候変動に言及せず、グアムに配備されている核兵器を装備した潜水艦の倍増、ハワイの陸海軍の増強、韓国沖への艦船の常駐、グアムへの戦闘飛行隊の常駐、有人無人偵察機の増派などを求めている。挑発的な偵察行為の強化は、すでに中国国境において緊張関係を高めている。

◆東アジアの核拡散をどうするか？

東アジアでは、気候変動や経済的格差の拡大といった深刻な安全への脅威に対する対処の必要性が高まっている。しかし、アメリカが実際に行っているのは、韓国にＴＨＡＡＤミサイル（終末高高度防衛ミサイル）という高価なミサイル防衛システムを、売りつけるといったことである。同様に、こうした軍事施設を駐在させることに対する中国の正当な懸念は、なんらの対話の努力もなしに無視されてきた。

東アジアにおけるよりやっかいな問題は、核拡散である。これまで最低限の軍備しか持たなかった中国も、今では持久力、攻撃力、ミサイル防衛プログラムへの対応力の増強を目的とした、急速な軍備の近代化を行っている。北朝鮮のミサイル防衛システムの規模や射程距離は、二回の米朝首脳会談を経てもなお不明なところがある。

南北首脳会談以降、北朝鮮の核開発は一旦進行を弱めたかに見える。米朝首脳会談では北朝鮮の核放棄が論点になったが、合意には至らなかった。アメリカも北朝鮮に核放棄を迫る一方で、自国の核保有については棚上げである。北朝鮮の天然資源の掌握が水面下の目的であると私は睨むが、それとはまた別に日本では秋田市にミサイル迎撃システムを配備する動きがあり、朝鮮半島の統一に向けた動きすら冷ややかに観ている風潮が感じられる。

アメリカの評論家のなかには、そうした声を後押しする主張も見られる。また、オバマ政権は核兵器廃絶を訴え、ロシアとのあいだで核兵器制限交渉を行ってはきたが——その成果はその後の事態によって疑問視されている——、自国の軍備増強に数十億ドルもの予算をつぎ込むことを承認している。

おそらくワシントンの政治家は、同盟国の緊密度を強めることで、力を増す中国を牽制することができると信じているのである。しかし、今後の対立がそうしたプランどおりに展開することはないであろう。たとえば、韓国と日本は、領土と歴史に関してそれぞれ独自の見解をもっている。日本の軍事支出の拡大が、表面上は北朝鮮への対応を理由としたとしても、それは韓国と中国にとっては不可避的に直接的な脅威と受け取られるであろう。同じように、ベトナムにおける軍事力強化は、中国とは関係がなくても、東南アジアにおける軍事力競争の引き金となり得る。

◆ヨーロッパのケース

一九七〇年代初頭、東西両陣営の溝を埋める努力には、三つの方法があった。第一は、米ソの核兵器の相互的削減合意、第二は、欧州安全保障協力会議（CSCE）での政治的・経済的協議、第三は、中部欧州相互兵力軍備削減交渉（MBFR）によるヨーロッパでの兵力削減であった。MBFRは、最終的に一九八九年にワルシャワ条約機構と北大西洋条約機構（NATO）、双方のヨーロッパでの兵力削減という具体的成果をあげる協議となった。冷戦集結後は、ヨーロッパ通常戦力条約がNATOとロシアの更なる軍縮協議の場となったが、両方の当事者とも現在のところ十分に当初の計画に従っているとはいえない。

一九七〇年代および一九八〇年代のヨーロッパの軍備増強による危険性は、現在の東アジアの状況にひけをとらなかった。デタントが比較的順調に進んでいたにもかかわらず、一九七九年にソビエトがアフガニスタンに侵攻し、それに対してレーガン政権がモスクワを敵視したことによって、冷戦の時代の対立感情が再びわき起こった。しかし、それにも関わらず、一九七〇年代の核兵器や通常兵器の削減交渉は、あらゆる政治的試練に耐え、安定的で平和的なヨーロッパを守る新たな建造物に、不可欠な礎石の役割を果たしたのである。

数十年に及ぶ軍縮交渉によって、政治家、政策担当者、軍事専門家たちが、軍事予算増額のために緊張を煽るのではなく、彼らが緊張緩和のためになにをすべきかを考える環境が整った。彼らが築き上げた信頼構築のための優れたシステムは、単なる軍縮にとどまらない合意形成の制度的枠組みともなった。結果として、米ロで発効した核兵器の軍縮条約、新戦略兵器削減条約（新ＳＴＡＲＴ：New Strategic Arms Reduction Treaty）は実現し、緊張緩和により多くの関係者を巻き込み、それぞれの政権の入れ替わりがあろうと、軍備管理と軍縮協議を着実に進展させた。アジアにはこうしたものに匹敵する軍縮交渉の歴史がない。日本は、史上初の軍縮会議であり、軍艦建造数の削減を規定した一九二二年の条約を生んだワシントン海軍軍縮交渉に参加した国である。しかし、一九三六年にその合意から離脱したのも日本であった。

戦後、唯一の軍備管理といえるものは、日本が平和憲法を採択し、国権の発動たる軍事力の行使を放棄し、平和と公正のための国際体制の枠組みを求めたことである。しかし、平和憲法の規約にも関わらず、他の国家はそのような政策を採用しなかった。日本における平和憲法の採用というものは、他国にとっては不可能な条件が揃っているように見えたのか、なかなかそれに賛同する国は他になかったのである。

◆「リバランス」を越えて――アメリカの対東アジア戦略

アメリカの「リバランシング」（再均衡）と呼ばれる東アジア戦略は、抜本的な再定義が必要である。アメリカは各国に武器を売りつけては情勢が不安定になるように煽り、武器を消費させてはまた新しい武器を売るという商売をしているが、東アジアにおいては北朝鮮問題やロシア、中国との関係を悪化させることでそれを遂行している。しかしなによりもまず、外交政策の基本は、高価な武器システムの販売ではなく、相互的な安全保障でなければならない。今後五年間で、アメリカとその同盟国――日本、韓国、オーストラリア――は、この地域の軍事大国である中国、ロシア、さらにはＡＳＥＡＮ諸国とともに、核兵器および通常兵器の包括的な削減計画を策定すべきである。

軍縮のための共同は、東アジアの安全に対する最大の脅威たる気候変動に対する認識をも共有し、各国政府の制度改革を促す保障政策につながる。すでに気候変動こそが、もっとも重要な安全保障上の課題であるというこうしたアプローチは、米太平洋軍司令長官サミュエル・ロックリア（Samuel Locklear）大将の声明によっても裏付けられている。サミュエル・ロックリア大将は、太平洋地域で自然災害によって〇八年から一二年に二八万人が死亡したと指摘し、「全てではないがその多くが気候変動や気象に関わるものだ」（二〇一九年三月一七日付の『Sankei Biz』より）と述べている。

アンドリュー・デウィット（Andrew Dewit）が指摘したように、米太平洋軍司令部は、アジア全域の将来的な相互協力の新たな展望を切り開くため、気候問題に具体的に対処することを発表した。気候変動は、安全保障上の一大転機となる問題であり、軍縮の大きな課題を前進させ、軍事の社会的役割を根本的に見直すことにつながるであろう。

中国との関与は、成功のための必要条件である。中国は、アメリカを地域で歓迎されない存在だとは断定していない。ワシントンにも強硬派がいるように、もちろん北京にも強硬論者はいるが、中国は一貫して、アメリカとの軍事協力を含む安保問題に関して、アメリカと協力する用意があることを表明してきた。中国は、リムパック二〇一四など、アメリカが主導する環太平洋合同演習にも参加したことがある。

しかし、中国沿岸地域での敵対的な軍装備の誇示は、アメリカがこの地域での調停者的な役割というよりも、むしろ中国を潜在的な脅威として抑えにかかっていることを意味する。世界の未来は、中国が国際社会の行動規範を受け入れたように、アメリカが冷戦時代の外交や安全保障の思考方式から、抜け出せれるかどうかにかかっている。アメリカが中国と長期的な軍縮合意に関与することを決定することで、両国の関係には変化が見られるだろう。

◆これから進むべき方向

アメリカは、世界で最も多くの軍事費を費やしている国家であると同時に、最も多くの武器を販売している国家でもある。したがって、東アジアの包括的な軍縮合意のための第一歩は、ワシントンから始めなければならないだろう。アメリカは、紛争への軍備競争による対応を促進するのではなく、むしろ、軍縮および信頼構築のための手だてを尽くすことによって、リーダーシップを発揮しなければならない。

いかなる軍縮合意も、二国間ではなく多国間で行われねばならない。現在の東アジアの軍拡はすべての国を巻き込みつつあり、緊張を高める要因は複雑であり、従来の同盟関係の路線上でことが運ぶかどうかは分からないことを理解することが重要である。北朝鮮の核開発計画に過度の焦点を合わせる余り、もっと大きな地域的な安全保障上の課題を直視できていない。

そのような合意に至るには、たとえそれが当初のCSCEのように定期的な会合にすぎないようなものであっても、何らかの協議機関が必要である。ASEAN地域フォーラムや「アジア太平洋安全保障協力会議」のようなトラック1、トラック2の機関が最初の対話の場になるであろう。成熟した包括的な軍縮の枠組みのためには、最終的には、新たな政府間のイニシアティブが必要となる。

現在では活動していないが、中国の提唱で北朝鮮の核問題解決のためスタートした六者協議は、南北首脳会談、米朝会談を経た今、軍縮に関する踏み込んだ討議のための最初の協議機関としての役割を果たすことができる。北朝鮮に核開発プログラムを無条件的に停止するよう、くどくど要求するのではなく、加盟国であるアメリカ、中国、日本、ロシア、韓国、北朝鮮は、東アジアにおける核兵器の削減、および通常兵器の大幅な削減をいかに行うかを協議すべきである。こうした協議は、北朝鮮当局の行動に左右されて行われてはならず、むしろ北朝鮮当局の行動に関係なく実行できる、より大きな安全保障機構の基盤とならなければならない。しかし、こうした協議はそれ自体、中国、日本、韓国の軍備削減およびアメリカの軍事的プレゼンスの縮小というより幅広い合意の一環として、北朝鮮が参加するインセンティブをもてるようなものでなければならない。

北朝鮮をこの合意に参加させるための明らかなインセンティブとなるのは、アメリカが朝鮮戦争の一九五三年休戦協定を、平和協定に変える協議を提案することである。このような平和協定は北朝鮮が要望してきたものであり、その実行を確保する地域的な機構の創設を条項に含むであろう。そしてその機構が、今度は新たな地域安全保障構造の核心になるであろう。

六者協議の最初の合意は、一九九五年、ジョン・エンディコット（John Endicott）の提案による「限定的東北アジア非核地帯」をアメリカが支持したことによって力を得た。この提案は、六者協議参加国の軍事専門家たちを含めて作成され、この地域の全ての核兵器の最終的廃絶のための第一歩となった。この時、提案されたＮＴＦＺ（非核地帯）は、南極非核地帯条約（一九五九）、東南アジア非核地帯（一九九五）など、すでに発効されていた八つの非核地帯の前例をもとに創設されたという点で効果的であった。

核兵器に関する協議は、中部欧州相互兵力軍備削減交渉（ＭＢＦＲ）の前例に従って、この地域の軍備減縮に関する一連の協議と並行に行われる必要がある。このような論議は、軍縮の提案及び予想可能な順序に従って実行できるロードマップ形成に機能する、持続的なメカニズムに発展させることができる。協議を進めることによって、海軍艦艇、戦車そして大砲、航空機や爆撃機、ミサイル防衛、及びその他の運搬装置などに関する個別的合意が得られる可能性もあるであろう。この協定には、軍事演習及び監視行動に関する厳密な規定を提示し、合意事項の実施をモニタリングする体制の設置が含まれねばならない。交渉の重要な要素は、地域的な大規模軍事演習を縮小するとともに、協定の実施を先延ばししないよう監視し、挑発的偵察行動をやめさせることである。

その上、目覚ましい技術革新によって通常兵器がますます旧式となるため、通常兵器に関する既存の合意はそうした技術変化に対応する必要がある。無人航空機（drone）、ロボット、３Ｄプリンターやサイバー戦争のような新技術の問題は、武器制限条約の諸条項によって直接処理されねばならない。技術変化自体の破壊的な性格は、軍備管理条約によって確実に規制され、条約の妥当性が維持されねばならない。

「戦域ミサイル防衛」は、包括的な軍備制限条約の一部として取り扱われなければならない。このようなミサイル防御システムの有効性を取り巻く技術的な問題にもかかわらず、韓国や日本にシステムを売り込もうとするアメリカの提案は、これに対抗する中国の弾道ミサイルの技術開発を促進するという、本質的に不安定な結果をもたらしている。さらに中国は、ミサイル防衛が防衛的メカニズムであるとのアメリカの説明を受け入れていない。結果的に、アメリカがミサイル防衛を軍縮の最終項目であると主張するのに対して、中国はこれをまず先に削減すべきであると主張している。この問題は、真摯な協議を通してのみ解決することができるだろう。

最後に、気候変動の緩和と適応についての協議は、核兵器および通常兵器に関する交渉と並行に行われることが重要である。通常兵器と核兵器の削減は、軍事上の力点や機能の転換を必然的に伴うであろう。数百万の陣容を擁する巨大な官僚機構としての軍隊が、気候変動との戦いという役割を担わねばならない。

この間、世界は、ウクライナ、イラク、そしてガザ地区で起こった混迷を極める衝突を目の当たりにしてきた。これらの紛争地域では、対立する各々の側が軍事的対応に訴えたため、状況が悪化していった。一方、東アジアは米中貿易戦争がおきているが、軍事的危機はなりをひそめた感がある。多年にわたってこの地域を苦しめてきた数多くの紛争を解決する上で、アジアがそれらと異なったアプローチを採ったことはじつに望ましいことである。もし、アジアが紛争を解決する手段として武器を放棄すれば、それは世界の他の地域に対しても強力なメッセージを投げかけることになるであろう。

II

東アジアに向き合う

第六章　北朝鮮に向き合う

その1　適切な北朝鮮発展計画

◆北朝鮮が開放されると韓国は同国人に

今後、朝鮮民主主義人民共和国（北朝鮮）政府官僚たちが直面する苦悩に対して、われわれは同情を感じざるを得なくなるであろう。というのも、多国籍エネルギー企業コークインダストリーズ（Koch Industries　カンザス州ウィチタに拠点を置く石油、エネルギー、繊維、金融などを手掛ける、アメリカで巨大な売り上げを誇る非上場の多国籍複合企業）をはじめとする、巧みな話術を持つ巨大企業の企業家と、突然直面せねばならないからである。これらの企業家は、相手を圧倒しようとして中身のない煌びやかな提案を前面に出し、賄賂を含むあらゆる手段を動員して、北朝鮮の資源にアクセスするための鍵を譲り受け、北朝鮮の地を永遠に踏みもしない投資家の利益のために、北朝鮮を搾取できるようにするであろう。中国もまた北朝鮮の資源から利益を得ているため、このままアメリカと中国の利権を巡る争いが激化していくことは、北朝鮮にとっては何も有益ではない。

このような過程は、あまりにもよく知られている。われわれは、サウジアラビアと他の湾岸諸国でそのような事例を見てきた。最初は、英国国営石油会社（British Petroleum）が、続いてスタンダード・オイル（Standard Oil）が、その後、別の企業が少数のエリートに対して富を与えてあげると唆し、外国人投資家と一握りにもならないサウジアラビア人たちのために、サウジアラビア天然資源を無慈悲に搾取した。その結果、教育と社会福祉は言うまでもなく、サウジアラビア国内の公共基盤施設も非常に後進的な状態に留まっている。

北朝鮮には、私たちの助けが必要である。私たちはまた、これらのリスクにどのように適切に対応するかについて、タイムリーなアドバイスを提供しなければならない。北朝鮮に対する強奪は朝鮮半島全体を相手にする強奪と見なすことができる。

気候変動の専門家が皆無であり、気候変動という災害の存在自体を否定し、無分別な宣伝のみに熱中するアメリカ政府が、北朝鮮に対する外国人投資が引き起こす環境への影響や社会的衝撃を、適切に評価することができないという点は言うまでもない。事実上、どのような企業やコンサルティング会社も、これらの役割を果たすことはできない。市場の圧力によって、これら全ての人々が、彼らが発見したことを投資家の利潤に有利なように捻じ曲げるからである。

北朝鮮の真の発展のためにはどのような重要な事項が含まれるべきか、ここで提案したい。この提案は、政府や財界で、現在実際に行われている議論とかけ離れており、多くの読者は、この提案が幻想的でありながら、同時に完全に非現実的だと思えるかもしれない。ここで反語的に言おう。発言を変えることを日常茶飯事のようにしている詐欺師が、何十年もかき回して行った舞台に真実が突然現れたら、むしろ、その真実がかえって粗野っぽく、現実に相応しくなく見えるものであることを知っておくべきであろう。

ソウルがしばしば忘れてしまう点がある。一度、北朝鮮が開放されると、北朝鮮の人々は同国人になるという単純な事実、韓国人も北朝鮮が経験するしかない攻撃にさらされることである。今まさに、より良い未来に向かうビジョンを出さなければならない重大な時点なのだ。

◆北朝鮮の経済、文化、政治の発展のための暫定計画

まず、北朝鮮の天然資源と労働力を搾取することで利益を得ることになる企業と連携したコンサルティング会社や、これらと腐敗の鎖で連結された政府機関の提案は、どのようなものであれ廃棄しなければならない。次に、北と南の幾人かの要人を含む国際諮問委員会の構成が必要である。急速な社会経済的変化から始まった混乱に対応するために努力する北朝鮮政府と市民に、委員会は、適切かつ有益なアドバイスを提供するものである。

諮問委員会は、北朝鮮が直面する特定の社会経済的課題を深く理解することはもちろんのこと、非常に高い道徳基準において尊敬される全世界の専門家で構成されなければならない。北朝鮮の天然資源と市民の労働力を、搾取することで利益を得る企業や投資銀行とその関係者は、諮問委員会に一人も含まれていてはならない。

委員会そしてこのプロセスに参加している北朝鮮の人々は、北朝鮮の開発のための計画の草案を作成するべきで、この草案は、ひとえに北朝鮮の長期的な利益だけに集中するものになる。科学的原則に従う加飾や誇張を控え、ひとえに真実に基づいて、実現可能で、北朝鮮の人々を鼓舞するビジョンを提示する。

少数のポケットだけを増やし、少数の権力者や経営者のポケットに入る利益のみを増やし、市民の生活を悪化させ環境を破壊し、後日、莫大な費用がかかるようにする短期的な処方を避けなければ、北朝鮮は長期的に成功することができない。この計画は、二つの最も基本的な事実を中心に据えなければならない。その前に、科学的な研究を通じて疑いの余地なく証明されたにもかかわらず、人間には全く役に立たない無責任な政治家と、扇情的報道を日常的に行うメディアによって無視されてきたという事実、これは押えていなければならない。

その第一は、人類に迫った最大の脅威は、気候変動という事実である。気候変動が北朝鮮に与える影響は、乾燥した地域の（そして最終的には、砂漠の）拡散と、農業生産に影響を与える気温の上昇という形態になるであろう。気候変動への対応こそ、開発プログラムの中核として位置づけなければならない。

第二は、少数に集中した富が、アジア諸国の社会組織を深刻なレベルにまで破壊し、健康な社会を壊してきたという事実である。どのような北朝鮮の開発計画でも、地方レベルで開始する発展を鼓吹し、一般市民の利益のために資金が使用されることを保証する、以前とは根本的に異なる経済パラダイムを採用しなければならない。少数による富の集中と、金融の乱用の問題に対処することが、非常に重要である。世界の金融の大規模な破局が迫っているためだ。北朝鮮はどんなことがあっても、発展の最初の段階で過度な負債を背負ってはならない。短期的な利益を目的とし、北朝鮮に入ってくる外国企業は何の事前の警告もなしに、北朝鮮から突然離れる危険性が非常に高いからだ。

天然資源　北朝鮮は、多国籍企業の多大な関心を受けるであろう。彼らの関心は、北朝鮮の人々の人権や、多くの人々に影響を与える貧困とは何の関係もない。投資銀行は、北朝鮮の地表面下に広範に埋蔵されている石炭とウラン、鉄鋼、金、マグネサイト、亜鉛、銅、石灰岩、そして（アジア地域で繁栄する電子産業に必要な）レアメタルを搾取することによって得られる、潜在利益に導かれているだけである。南の韓国鉱業公社によると、北朝鮮の鉱物資源の価値は約六兆ドルに達する。

北朝鮮は貧しい国であり、北朝鮮の官僚達は、天然資源の搾取が環境や社会経済にもたらす衝撃を判断できるような専門性を持っていない。少ない給料で生活する北朝鮮の政府官僚達は、豊かになることができるという見通しに惑わされたり、露骨な賄賂攻勢に嵌《はま》り、未来世代が後悔する決定を下すことになりかねない。天然資源の開発がもたらす長期的な影響を、平壌《ピョンヤン》が自主的に、あるいは利害関係にとらわれない高い道徳性を持った国際アドバイザーの助けを借りて、評価に十分な専門性を備えるまで、北朝鮮の天然資源の過度の開発は、条件なしに凍結されるべきである。天然資源の採掘に関するすべての提案については、専門家による幅広い環境評価を行うべきである。貴重な土壌を破壊し、取り返しのつかない破壊をもたらすことに、ウランと鉄鋼及びその他の資源の露天採掘は禁止されるべきである。

北朝鮮に信じられないほど大量に埋まっている石炭をどのようにするかは、核プログラムの解体よりもはるかに難しい問題である。石炭の使用が気候に破局的な影響を及ぼし、石炭や石油の使用の継続が今後三〇年以内に地球を人間が居住することができない場所にすることは、科学研究の実証的な証拠によって確認された。最も優れた政策は、北朝鮮政府が埋蔵された石炭を触らずに放っておくことである。

石炭を販売して利益を得ようとする者が、他の考えを持っていることはもちろんである。まだ手付かずで残されている石炭を誰よりも早く手に入れて売ろうとすることはもとより、他の資源を発見し販売権を得ることを常に考えて行動している。そして主流メディアと有力経済人と政治家たちは、ひたすらこのような人々が提出する意見のみを紹介し議論する。しかし、真実を捻じ曲げる情報、あるいは偽りの情報を基に、大多数の人々が信じているのは、現実的には何の適合性も持たないものである。真実が何かが最も重要であり、南北の人々が真実に近づくことさえできれば、結論は明確である。

究極的には、北朝鮮の天然資源の開発は、利潤追求の動機を持たない国家独占機関が管理しなければならない。天然資源の開発が、北朝鮮の環境や社会に負の影響を及ぼしているという点が、科学的調査によって判明した場合は、この機関は、開発を終了させる全面的な権限を持たなければならない。天然資源の開発から出てくる利益は、教育と政府の機能の向上と、福祉への投資という観点から、北朝鮮経済の発展に完全に焦点を置くべきである。覇気があり、よく教育された、新世代の北朝鮮政府の官僚育成が、今後の発展のために何よりも重大である。専門知識と高い道徳原則と、市民の長期的なニーズを擁護することができる新しい官僚である。

天然資源開発の負の影響は、環境汚染に限定されない。突然の富の流入は、少数の権力エリートに限定され、絶対多数の市民には何の利益ももたらされない場合が多い。一九五〇年代と一九六〇年代にかけて、イギリスの国営石油会社とスタンダード・オイルが、サウジアラビアの資源を開発したプロセスを見ればわかる。サウジアラビア王族は多大な富を得て、彼らの資産を海外に送った。サウジアラビアの公共インフラは劣悪化し、教育は悪化、砂漠化が拡がって大多数の市民は劣悪な賃金で生活することになった。サウジアラビアでは鉄道がまだ発達せず、賃金や地価、電気代といった事業実施に必要となるインフラ類のコストが安価であり、人を雇う側にとっては利益を得やすいが、働く庶民にとっては厳しい現実がある。

貧富の差が激しい事は政府が隠している。従って、リッチであるイメージのみが海外にはインプットされている。

北朝鮮は、このようなシナリオを避けるべきである。同胞の生活のために自分の国を運営する、健康で道徳的であり、覇気があり、高い教育水準を誇る北朝鮮の人々を形成することが私たちの目標である。低廉な労働力の搾取を通じた経済成長は、朝鮮半島の文化的、社会的統合を遅延させるだけである。

ごく少数のエリートに富が集中する危険な傾向が、北朝鮮には既に存在する。今後の経済発展の果実が、組織された少数により一層集中して、これらの少数が国際金融に接することになると、彼らは工場や鉱山で強行されている労働者の搾取を終了させたり、石炭火力発電所を停止させる何の動機も持たなくなるであろう。一般市民の貧困よりも漸増することになる富の不均衡の方が、長期的には北朝鮮にとって、より深刻な問題になり得るということだ。

エネルギー　政治家たちは、夜中に撮影した朝鮮半島の衛星写真を見せながら、暗黒に包まれた北朝鮮の姿が、日本や韓国と比較して、北朝鮮に経済発展が不在である証拠だとよく言及してきた。過去数一〇年間、北朝鮮の住民が腐敗と専制政治に苦しんできたのは事実だが、北朝鮮の夜空を照らすことが優先順位になってはならない。真実を言えば、韓国こそ自国の領土の夜空を北朝鮮のそれのように暗くするように努力しなければならない。質素な文化を奨励して、無分別な電力乱用を終わらせるべきである。北朝鮮が数一〇基の石炭火力発電所を建設して、クリスマスツリーのように夜を明らかにしたならば、これは朝鮮半島全域の大きな災害になるであろう。

最初から一〇〇%の再生可能エネルギーを固守し、化石燃料の輸入を全くしないのが最も賢明な政策である。経済発展が遅れるとしてもだ。消費を少なくする以前の伝統を奨励しながらも、栄養摂取の改善努力を並行することができる。質素な習慣を持続することができている場合、北朝鮮は、化石燃料を輸入する必要が全くない。ただ太陽光や風力関連技術を輸入する必要はあるかもしれない。これ自体で生産できる能力を確保することが、北朝鮮に重要である。そのためには、太陽光や風力関連技術が、特許権の支払いがなくても広範に活用されることが必要である。

もし北朝鮮が一〇〇%再生可能エネルギー国家になれば、これは北朝鮮住民の誇りになり、韓国人が学ぶべき模範になる。これらの北朝鮮の自尊心と明確な目的意識が韓国にも絶対的に必要である。心理的な自信とは、お金で買うことができるものではない。資源を無駄にせず、商業広告が煽る衝動に嵌らないことで、他の「先進国」に出遅れていることではないという点を、北朝鮮の人々が確信するようにしなければならない。北朝鮮の人々は、「スモール　イズ　ビューティフル」という点を知っている必要がある。私たちも同じだ。これは、韓国の伝統文化の核心でもある。

北朝鮮で目撃される質素とは、北朝鮮の経済発展能力を萎縮させた過去三〇年余りのお粗末な経済計画の結果でもある。しかし、質素は罪ではなく、美徳である。韓国人こそ、無分別な消費にふけることなく、意味のある人生を営む法について、北朝鮮の人々から学ぶべきである。

公共インフラ　公共インフラの建設契約に署名する前に、平壌がまずすべきことは、深い深呼吸である。公共インフラと都市デザインに関する先進国のアプローチが、完全に災害であったと指摘する著名な学者たちの報告書があふれている。少数の人々のみがアクセスすることができる超高層ビルの高級バーで眼下に広がる夜景を見下したり、スポーツカーを運転し高速道路を疾走して快感を得ることができるかは分からないが、このような公共基盤施設が環境や社会へ与える影響は概ね良くない。何よりも、環境と一般市民に与える影響を、評価せずに行う大規模なインフラプロジェクトがあってはならない。消費と浪費を煽って広い家と豪華な車を宣伝する広告は、北朝鮮の人々に必要ではない。豪華なアパート、あちこちに敷かれた高速道路、少数の外国人投資家が運営し、たえまない消費と浪費を煽るデパートやショッピングモールは、北朝鮮の人々には必要がない。

北朝鮮の人々に最初に伝える必要があるのは、誤った開発計画が長期的に自国にもたらす莫大な費用について、自ら判断する必要があるという点だ。中国をはじめとする外国において私が会った少数の特権層北朝鮮人は、現代の公共基盤施設に関する深刻な問題を把握できていない。彼らに会った起業家たちも、これらの問題点を、北朝鮮の人々に説明するために俸給を受け取るわけではない。北朝鮮の人々に、真実を言ってくれる方法を見つける必要がある。

新しい公共インフラを必要とするという点では、北朝鮮の人々に大きな福音である。北朝鮮の諸条件を満たしながらも、気候変動にも対応する、完璧な公共インフラシステムを創造する貴重な機会であるからだ。北朝鮮のすべての公共基盤施設は、最初から一〇〇％持続可能なように建設されるべきである。北朝鮮社会のためのこれらのモデルは、全世界ベンチマーキングの対象となり、韓国の実質的な変化に影響を与えるものでもある。

すべてのビルの壁は高いレベルで断熱され、悪天候に備えて二重もしくは三重窓を採用し、太陽光パネルで仕上げなければならない。可能な最高水準のエネルギー効率を達成するべきである。風力をはじめとする、すべての形態の再生可能エネルギーが、最大に活用されるべきである。しかも、このような再生可能エネルギーの維持と運営が地元住民に委ねられ、雇用が地域に戻り、住民がコミュニティのデザインに参加できなければならない。大規模なアパート団地を避けるべきであり、住宅や農業空間の結合が促進されるべきである。北朝鮮が都市社会へと変貌するべき理由はない。

地域に居住する人々の参加を保証し、当該地域の開発計画とプロジェクトについて、自分達で決めることができるようしなければならない。周辺で通常見ることができる材料を用いて、自分の家を建てることを奨励し、この過程で近所の人に仕事を分けることができるようにしなければならない。北朝鮮の人々に輸入商品よりも必要なのは、環境や社会問題に関する専門知識と経験と教育である。

金融と資本　北朝鮮の人々が自ら各種の課題に対処できるよう教育することに、最も高い優先順位を置かなければならないが、公共インフラや農業とエネルギー生産プロジェクトの資金を調達する方法も、非常に重要である。未来世代に重荷を負わせてはいけない。資本調達の新たな戦略を考案することにおいて、北朝鮮は道徳を兼ね備えた専門家の助言を必要とする。まず北朝鮮は、地域の農業協同組合や住民が所有するコミュニティ銀行を通じて、地方レベルでの資本を形成するためのプログラムを考案しなければならない。国内資本を形成しようとするこれらの努力が、北朝鮮の経済発展に非常に重要であり、自国の経済を自ら管理して、真の意味での経済自立を達成するのに役立つ。全世界規模の金融危機が迫っている可能性を考慮すれば、可能な限り自給自足状態を維持することが、北朝鮮には重要である。

今後設立される北朝鮮の銀行はどのような姿であるべきか？　東京やクウェートのような、投資家の利益を代弁する多国籍銀行の支店と同じであってはならず、利益を主要な目的としていない最高位層が規制する独占でなければならない。協同組合でなければならず、外債導入は長期的なプロジェクトに集中しなければならない。外国債券を持ち込む必要も生じるだろう。外債導入は長期的なプロジェクトに集中しなければならず、相反する利害関係を持たない専門家が、細心の注意を払って見なければならない。太陽光や風力発電の資金を調達して、化石燃料と決別するためには、北朝鮮は二〇年から四〇年に及ぶ長期外債が必要である。さらに、住民の生活の質の向上を目指し、長期負債を通じた投資に集中することで、北朝鮮はより大きな金融の安定を確保することができる。資本が生産目標に緊密に連携され（株式や債券、あるいは先物など）投機経済が占めるスペースが全くないようにするべきである。北朝鮮経済は一〇年程度、株式などの投機経済から脱していなければならず、北朝鮮の天然資源が国際先物市場に露出してはならない。

労働　北朝鮮の人々には仕事が必要である。そして、その仕事は実質的かつ安定的であり、意味のあるものでなければならない。外国人が所有する不潔な工場に多数収容され、低賃金で輸出品を作るものであってはならない。外国資本への製造業の従属は、北朝鮮の潜在力発現を恒久的に阻む。

地方のコミュニティに根を置く、長期的な雇用を創出するように奨励する必要がある。これらの仕事は、景気が良くないとき、外国企業が撤退してもなくならない。地方の製造業が奨励されるべきで、これを誇りに思わなければならない。靴とさまざまな道具、（食べ物をはじめとする多様な商品を入れる）容器などを作る地方の製造業は、伝統的な社会では一般的ではあるが、このような製造業は、地域コミュニティを再活性化するのに極めて有益である。衣類や家具は、二〇年以上使用できるようにする必要がある。使い捨て商品や長持ちしない商品など、環境を破壊する商品を作製してはならない。

地方レベルで商品を修理することも、経済を活性化するのに大きな助けになる。衣服や家具、靴などの商品が丈夫に製作され、複数回に渡って直して使用することができなければならない。地方レベルでのマイクロファイナンスが提供され、数ヶ月、あるいは数年に渡って分割払いができるという点を十分に理解しながら、一足の靴を購入することができるようにしなければならない。

いつでも解雇できる市場の雇用ではなく、一体感を与えることができるコミュニティ作業場を創る必要がある。雇われた人たちには、労働者としての基本的な権利が与えられなければならない。

交通　自動車が多くなく、高速道路が少ないという点は、北朝鮮には僥倖である。出勤やショッピングをするのに、車を必要としないコミュニティを作る完璧な環境である。退屈な高速道路がないコミュニティを作ることができれば、全世界がこれを羨望するであろう。与えられた地形と、すでに存在している村落から有機的に形成されるようコミュニティが構想されるべきで、異邦人が事前に作ってきた開発計画を強制してはならない。顧客の好みに合わせると言って、農地や自然環境を破壊して、そこに新しい道路などを開発してはならない。可能な限り家族のメンバーは、自宅であるいは居住地に近いところで、働くことができなければならない。不動産投機は徹底的に制限されるべきであり、農地所有は地域住民だけに許されるべきである。部外者は、特に企業の農地所有が許可されてはならない。

北朝鮮に高速道路を建設する必要はない。高速道路は建設して維持するために多くの費用がかかるが、発展途上国が高速道路の建設のために不必要な外債を負うことになる。互いに重複する公共交通機関が、人や物資を移動させることができるように交通体系を細かく分けて、それに応じて自動車がそれほど必要としないようにする方法は多い。全世界が羨む、前例のない交通インフラを整備する機会が北朝鮮に与えられている。

最初から電気自動車を活用しなければならない。北朝鮮では一〇〇％電気で作動する交通体系を作ることが相対的に容易であり、この原則を固守するなら、今後の発展の過程で大きなメリットを享受することができる。

教育　アメリカや韓国では、教育が数一〇億ドル規模の事業となった。北朝鮮がそのような社会になる必要はない。教育は倫理的な問題と、個人の自由な表現、学生のあいだでそしてさらに市民のあいだで議論されている、世界の科学的探求に焦点を合わせるべきである。社会が現在直面しているさまざまな課題を理解できるように支援する、大きなプロジェクトの一部として読書が奨励されるべきである。

小学校から行われる教育に関するアプローチの転換は、十分に社会を変貌させることができる。多くの国の若者たちがビデオゲームや下品なビデオ、商業化された音楽やポルノを何も考えずに常習し、自分の年齢時に接するべき問題に参加できない受動的消費者に転落する状況を、北朝鮮は避けるべきである。

気候変動と農地管理に関する住民の教育が、北朝鮮の国際協力への非常に重要な部分になるだろう。必要もなく、身に余る商品を購入するように煽るより、農業を発展させるために、より多くの財源を投入しなければならない。

北朝鮮社会に活力を吹き込むためには、教育の質の向上は非常に重要な部分である。発展途上国に提示することができる新しいモデルであり、おそらく韓国にも輸出することができるモデルを、確立することができる貴重な機会である。

教育は、健康な社会の中心に据えなければならない芸術と人文学にも繋がっている。市民社会の繁栄のために、芸術を通じた創造的で洗練された表現が奨励されるべきである。加工食品や使い捨ての化粧品の消費を通じて、市民社会を形成することはできないものだ。絵画や彫刻、音楽や歌、舞踊、詩と文学は市民の生活の一部であるべきであり、これにより人々は周りの世界を理解し、より良い世界を想像することができなければならない。

芸術とは分別のない消費を煽る手段ではない。芸術を通して、人々がさまざまな問題に目を開いて解決策を提示することができるように奨励することに、焦点をおくべきである。地域コミュニティで一般市民が芸術を創造することができれば、北朝鮮は自身の文化的アイデンティティを確立することはもちろん、世界に貢献することができるだろう。

農業　派手なホテルと豪華なレストラン、少人数の出入りだけが許可されている密室を作るよりは、協同組合が中心となる農村コミュニティを創造することが、長期的には北朝鮮にはるかに重要である。エリートのための自堕落なプロジェクトは、短期的には政策決定者に心地よさを抱かせるかもしれないが、これは最終的にはより大きな社会的損害をもたらすだけである。北朝鮮の人々は、彼らが農民であるという事実を誇りに思えることができなければならない。農業とは世界経済の未来であり、最も名誉深くも重要なことだからだ。

北朝鮮の近代化が農耕社会を脱却する過程であると仮定する人々がいる。すべての労働者が工場で働いたり、サービス産業に従事する産業社会に変貌する過程であると仮定するのである。しかし、それは全く根拠のない仮定にすぎない。近い将来、韓国は農産物の生産コストの上昇で大きな危機を迎えるだろう。全世界的に砂漠化が進行して、農地を維持できていない結果である。石油と輸出入に依存する危険な経済を追求し、農業を犠牲にすることは、韓国の大きな間違いである。

北朝鮮は、モンサントやデュポンなどの多国籍農業企業に依存しない、地域コミュニティが運営する持続可能な有機農業を発達させる必要がある。北朝鮮は当初から、外国から輸入された種子と肥料と農薬への依存につながる悲劇的な決定をしてはならない。

その2　誰も知らない北朝鮮の脅威

◆生態学的危機―アフリカよりさらに深刻

私がここで述べようとする脅威とは、北朝鮮のテポドン大陸間弾道システムや北に配備されたムスダン・

ミサイル、あるいはノドン・ミサイルのことではない。もちろん、北東アジアにおける軍備拡大競争の脅威は深刻であるが、人類はまた別の脅威に直面していて、その巨大な脅威はさらに大きな災害をもたらす可能性がある。したがって、私たちはそれに備え、戦略的な準備を始めざるを得ない。

その脅威とは山林の乱伐と土壌の不適切な利用、無思慮な農法などの結果として生まれている北朝鮮の砂漠と半砂漠地帯のことである。生態学的死角地帯において、植物が生存もしくは繁殖するのはほぼ不可能である。砂漠化が悪化するほど、このような生態学的な惨事が、韓国および東アジア地域全体に深刻で取り返しのつかない影響を及ぼすことは、間違いない。ソウル大学のキム・スンイル教授は、最近二〇年間、北朝鮮で一〇〇万ヘクタール以上の山林が失われ、ほぼ回復する見込みがないほどに土壌の機能が喪失させられた結果として、終わることのない洪水と干ばつが毎年起こっている、としている。

北朝鮮におけるこのような危機の影響は、アジアでより深刻な兆候が現れており、そのような状況では、アフリカよりもアジアでさらに急速に砂漠化される地域が増加していくであろう。アジアでは現在、毎年ほぼ五〇〇，〇〇〇ヘクタールにのぼる大地が砂漠化によって失われており、中国の総面積の二七％にのぼる土地が回復不能の状態で、少なくみても二，六二〇，〇〇〇ヘクタールの土地が砂漠化した。すでに、中国北東部にまで拡大している砂漠から風に乗ってやってくる黄砂は、ソウルの空気を汚染しており、さらには日本地域までも覆っていて、生態系と人々の健康にとって深刻な脅威となっている。

北朝鮮の砂漠化は、B－2爆撃機やミサイル防御システムでは、くい止めることのできない事案である。軍事的脅威とは対照的に、このような新たな環境の脅威は北朝鮮を孤立させるのではなく、長期的な国際社会との協力と協調を必要とする。

したがって、国際社会はこのような環境の脅威を解決するために、北朝鮮の政府、組織・団体、住民と密に交流するよりほかなく、喜んで専門知識と技術を提供する必要がある。国際社会は環境破壊を継続させるようには、北朝鮮を避けたり放置したりすることはできない。

◆これ以上放置できない北朝鮮の現実

砂漠化によって発生している生態系の不安定化に、国の境界などないことは言うまでもない事実である。平壌の北朝鮮政府に対する国際社会の体面が、東アジアにおける砂漠化拡散防止に関する私たち共通の関心事について、私たちが何も実現できない理由となってはならない。

効果的な環境政策を通じて気候変動の脅威にいかに対処すべきかについて、北朝鮮住民を教育することは北朝鮮に関連する問題のなかでも、最優先に考えるべきことである。

中国やモンゴルと同じく、北朝鮮はいま、現場において砂漠化問題解決のための技術的な専門知識が大いに不足している。多くの場合、地域の農民たちが暖をとるため、あるいは必要な収入を得るために木々の伐採をしなければならなかった。先進国はこのような問題を解決するために専門知識と資源を提供する必要があり、何よりも先進国の人々の極端な消費文化の完全な転換を図るためにも大いに努力する必要がある。

北朝鮮であれ、カンボジアであれ違いはない。無理な農業、山林伐採などでわずかでも収益を増やそうとする北朝鮮国民が大規模な環境の危機をもたらしている。その結果、土壌を死に至らしめるという災いはこのままでは五〇〇年以上も続くかもしれない。

◆砂漠化問題、北の核拡散防止と同等に扱うべき

今後、砂漠化と闘わねばならない国際連合は、この先の六者協議で中心的な役割を果たすようになるであろう。そして、アメリカとしても、砂漠化の脅威の拡散防止に関して、アメリカ政府官僚が国際的な核兵器拡散防止と同等なレベルの事案として対処せざるを得ないのである。アメリカ政府は北朝鮮、韓国、モンゴル、中国の砂漠化の拡散を考慮に入れ、北朝鮮の脅威への対応を変更する必要がある。

当該地域における真の脅威が何なのか、目を大きく開いて見なければならない。ついに、イデオロギー対立という冷戦時代が完全に終了したという明白な事実を認識せねばならない時が来た。現在行なわれている朝鮮半島の生態系修復は、朝鮮半島の統一よりもはるかに時間がかかることである。

その3　朝鮮学校を訪問して感じたこと

◆初めて訪問して

二〇一八年一二月に、大阪の東大阪朝鮮中級学校と横浜の神奈川朝鮮中高級学校を初めて訪問した。その際に最初に私の目に飛び込んで来たのは、ろくに維持補修がなされていない建物であった。北朝鮮と結びつきがあるという理由で、朝鮮学校は公的助成の対象から外されて、「排除」という政治的圧力が地域社会に蔓延していることをその時に知った。また、政治家の思惑に乗せられるように、この学校が日本にある他の外国人学校とは根本的に異なり危険なものであると、人々に受け止められていることも知った。

私が九〇年代、東京大学に留学していた時に、当時のクラスメイトたちから朝鮮学校について耳にしたことをふと思い出した。日本社会のエリートであり、また、私を有力なコミュニティに参加できるようにサポートしてくれたこともあって、当時の彼らの話は私にとって影響力があった。東大のクラスメイトはなんとすばらしい教育を受けたのかと、とても感心させられるほどだった。また、自分がアメリカ人でありながらも、日本国内でも屈指の意思決定者コミュニティの一員になれたことに、心を躍らせたものだ。

そんな彼らが口にしたのは、朝鮮学校は全体主義的な場であるということであった。朝鮮学校の生徒はおかしな伝統衣装を身につけて他の人たちとは関わろうとはせず、普通の日本人との交流を拒んでいると言っていた。秘密のベールに包まれた怪しい学校は、本質的にはイデオロギー的で融通性はなく、北朝鮮の陰謀の一部だということであった。

私が朝鮮学校の卒業生に実際に出会って、朝鮮学校の生徒たちが民族文化を守ろうとして受けた惨い差別について知ることになったのは、それから一〇年以上も後のことであった。そして直接、朝鮮学校二校を訪れることになったのは、私の人生も半分以上が経過してからのことであった。韓国人の妻と結婚してからすでに二〇年以上もの歳月が経っているにもかかわらず、ようやく今回、朝鮮学校の実情を目の当たりにすることができた。私には韓国で生まれ育った息子と娘がいて、韓国語はもちろん流暢なのだが、日本語はいまいち話せない娘のレイチェルを今回の朝鮮学校訪問に同行させた。

東大阪朝鮮中級学校を見た瞬間、私は東大の老朽した学生寮のことを思い出した（元々大阪市生野区にあった東大阪朝鮮中級学校は、二〇一八年四月に東大阪にある大阪朝鮮高級学校校舎に移転した。私が訪問したのは後者である）。私が暮らした一九八七年頃は東大の学生寮はろくに修理もされていなかったが、思慮深く創意的な学生たちで溢れかえっていた（今ではすっかり離れ離れになってしまったが）。東大阪朝鮮中級学校の外観もろくに修理がされておらず、ペイントも剥がれていて、建物内部のコンクリートにはひびが入っていた。他の外国人学校とは異なり、地方自治体からの補助金が廃止されて、最小限の基金だけで学校運営を行なわなければならず、教育システムを破壊しようとする右翼勢力が相当な圧力をかけている状況で、生徒や保護者が学校維持のために奔走している。年々、朝鮮学校の生徒数減少は顕著になるが、この学校に残った生徒や保護者たちはみんな、これに立ち向かおうとする強い意志を見せていた。

一方、最近、日本との葛藤が深刻化する韓国では日本の朝鮮学校が注目を浴びており、韓国人全体をも敵対視する日本の右翼団体に対する反感が強まる中で、韓国社会でも朝鮮学校の闘争に対して、共感が広がっている。

◆斬新で心地よい

私たちが朝鮮学校を訪れたのは土曜日の午後であったが、部活動に励む生徒たちで学校は活気に溢れていた。生徒たちは何時間もサッカー、民族舞踊、美術、民族管弦楽等のクラブ活動に勤しんでいた。学校の維持補修はろくになされていなくても、私の心に何か強く訴えかけるものがあった。初めはその理由が何なのかわからなかったのであるが、時間が経つにつれて、この学校の特徴を掴むことでその理由がはっきりした。この学校には商業的なものが一切なかった。学校のどこにも広告は見当たらなかった。学校が使用するイラストは工業デザイナーがデザインしたものではなく、化粧をしたり有名デザイナーの服を身にまとった女子生徒の姿も見られなかった。学校のオーナメントは生徒が授業の一環で作ったものだった。まさに、この学校は活動を通して運営を行なう小規模共同体であった。厳しい環境の下でも献身的な人々が寄り添って民族文化を継いでいこうと努めており、そこには一九八七年に私が初めて日本の地を踏んだ時に目にした文化が残っていた。

朝鮮学校では共同体で作った環境を利用しており、企業で生産した使い捨ての製品等は販売していなかった。三〇年にも及ぶ工業化がもたらした過剰な消費文化によって、日本ではすっかり失われてしまったものを、私はこの学校から見つけ出すことができた。一二人の中学生からアジアの平和、学校での活動、日本社会から受ける深刻な差別への対処法等の話を聞いた。彼らは個人的な心配事についても真剣に話をしてくれた。

朝鮮学校の基本姿勢は「協力」であった。生徒同士が競い合う場であるというよりは、すべての人がチームの一員となって活動する場であった。彼らのそういった態度は、個人を破壊する社会主義イデオロギーが反映されていると思う者もいるかもしれないが、今日では自己陶酔的消費文化に感化されてかえって個人の人間性が破壊されてしまったことを考えると、彼らの文化は斬新で心地よく感じられた。

レイチェルは韓国語で生徒たちと会話を交わした。昼食後には生徒たちが大阪市内の観光案内をしてくれることになり、娘を連れてこぞって市内に出かけた。娘は夕方八時過ぎにやっと帰ってきたのだが、生徒たちと大阪市内で撮った多くの写真を楽しそうに見せてくれた。娘は生徒たちの開放性や、心から歓迎して親切に案内してくれた気配りに感動したようであった。

数日後、今度は横浜にある神奈川朝鮮中高級学校を訪れた。最寄り駅で私たちを出迎えてくれたのは、校長の金燦旭《キムチャンウク》氏と朝鮮大学校を卒業した彼の娘であった。二人は朝鮮語と日朝両国の歴史を教えながら、地域社会に基盤を置く教育システムを構築しようと日々努力を重ねているのだが、それに対する根強い差別や逆境にも負けず、朝鮮学校がどうすれば生き残れるのかについて、とても熱く語ってくれた。

私たちのために、わざわざタコ焼きを作ってきてくれた一五人ほどの生徒と、一緒にテーブルを囲んだ。レイチェルは私のことなどそっちのけで、すぐさま生徒たちとのおしゃべりに夢中になっていた。私は校長室に行って金校長と一時間ほど話を交わしたのだが、日本で朝鮮語教育をしながら、日本やその他の地域に残る帝国主義と植民地支配の遺産を、正確に指摘する難しさについて語り合った。また、金校長は自分たちが企画した、日本の社会・経済問題に関連した公開セミナーの資料を見せてくれた。話の中で、芸術、音楽、作文等は課外活動ではなく、必修授業として学ぶことに私は改めて強い印象を受けた。

第七章　韓国に向き合う

その１ ― 韓国の大気汚染対策は？

◆中国だけに原因があるのか

先週末、私の娘が学校のサッカー試合に初めて出場した。一ゴールを入れ、決定的なアシストも何度かした。誇らしかった。その日の夜、私は娘の咳で何度も目覚めた。私は自分の子どもたちがソウルに暮らしながら、韓国文化を習うのをうれしく思う。アメリカで生活していれば得られない非常に大きなチャンスだと私はよく主張する。しかし最近は、子どもを健康の心配なく外で運動できる空気がきれいなところに、住まわせなければいけないという気がする。昨年、韓国を訪問した父は、ソウル駅を出ると空気から硫黄のにおいがすると語った。

農村地域を含めて韓国の空気が悪化し、そのために病気にかかる人が増えているという事実は公然の秘密だ。有害大気汚染物質に対する規定を違反するディーゼル自動車が、市場に出ることが多い。そのような車は臭いだけでも分かる。しかしいかなる措置もない。市民の健康を脅かす粒子状物質に比べると、中国の砂漠から風に乗って飛んでくる黄砂の危害性は、何でもないという気もする。

責任を中国に問うのはいくつかの面で不正確だ。有害ガスを排出するのは韓国だ。中国の石炭火力発電所と工場が排出する有害ガスは韓国にも責任がある。韓国人が中国に建設する工場は、厳格なガス排出基準を守っていない。さらに重要な事実は、中国が韓国の環境政策から直接的な影響を受けるという点だ。韓国はガス排出に対して厳格になり、スウェーデンやデンマークのように化石燃料の使用中断と気候変動緩和のための野心的な計画を推進するべきである。スウェーデンは二〇一七年に、化石燃料を使用しない福祉国家を目指す気候政策枠組み案を採択した。デンマークは二〇一〇年に「二〇五〇年までに化石燃料依存からの完全脱却」を長期目標に掲げた。中国はこれに注目するだろう。韓国の政策もベンチマーキングする可能性が高い。実際、中国は再生可能エネルギーに韓国より多くの投資をしている。

◆気候変動問題を担当する委員会を

外国の友人が私にした話によると、ぞっとする空気のために、最近は韓国で働く人を採用するのに困難はあるという。ひどい環境破壊と軽率な短期的な成長政策のために、韓国の評判が大きく悪化している。グローバル緑色成長機構（ＧＧＧＩ）のボ・デ・ボーア（Yvo de Boer）と、緑の気候基金（ＧＣＦ）のヘラ・チェイクローホー（Héla Cheikhrouhou）の二人の事務局長が、ほぼ同時に辞任したという事実ほど現状況を表しているものはない。二人の決定が、韓国の現政策に対する挫折感と直接的な関係があるかどうかは私には分からない。確実に知っていることはある。パリでの国連気候変動枠組み条約第二一回締約国会議（ＣＯＰ21）に出席した韓国環境部長官が、最終合意案交渉を控えて、早期に帰国したのを世界が注目した。

韓国は勇敢に前に進まなければいけない。韓国はアジアで最も強力に有害ガス排出を規制する国としての、位置づけを固めるべきだ。また韓国は石炭火力発電所の数を増やすのではなく、五年以内にすべて閉鎖すると明確に宣言するのがよい。韓国は化石燃料時代を越えるモデルにならなければいけない。

われわれは戦時経済を彷彿させるほどの政策を、実施することが求められる。急いですべてのビル・飛行機・車両を太陽光パネルに覆うのがよい。環境問題を深刻に受け止めなければ、われわれの健康と子どもが未来に支払うことになる代償を、人々は意識しなければいけない。政府は電気自動車でないすべての自動車を、道路から追放するべきだ。また、太陽光と風力発電から出る電気で車両を充電する電気充電所の義務化が必要だ。気候変動の原因となる自動車の生産ではなく、そのような経済変化がより多くの本物の雇用を創出するだろう。日本では最近、ガソリンスタンドより充電所の数が多くなっている。こうしたインフラを発展させることが、未来のために非常に重要となる。韓国は競争に飛び込んで日本に追いつき、追い越さなければいけない。

今すぐに韓国政府内に、根本的な変化が生じることを期待する。国会は気候変動問題を担当する委員会を結成する必要がある。気候変動の対応に欠かせない多くの要求事項を、国家政策として実現して調整するためだ。気候変動の緩和と気候変動への適応が、最優先の国家目標にならなければいけない。海外輸出拡大や武器購買よりはるかに重要だ。

その2 ― ソウルをシンクタンクのメッカにしよう

◆伝統としての知的財産

窮極的にソウルが世界のシンクタンクの中心となるには、革新能力が重要である。模倣には限界がある。国内外の研究と討論を統合するネットワークが必要である。気候変化や「サイバー空間の未来」のような極めて複合的な問題について、世界各国の新しい政策を調整して、巨大プロジェクト遂行のための役割を分担するからである。

小型・大型のシンクタンク間の協力も増進しなければならない。大型シンクタンクは予算が多く、世界的な専門家たちに対するアクセシビリティが良い。小型シンクタンクは柔軟性が高く、普通の人々が何を必要としているのかを、よりよく知っている。韓国がこうしたシンクタンクのあいだに、財源と知識を共有する戦略を開発すれば、革新的なシンクタンク生態系が誕生できる。不幸にも政策に対する批判的な見解を提示するソウルの進歩的シンクタンクは、国際社会を魅了する主張を出すことに失敗している。外国語になった文献を多く生産していない。パートナー関係である海外シンクタンクもあまりない。一方、保守的なシンクタンクは、国際金融や安保問題のように普通の人たちの必要性とかけ離れたトピックにとどまっている。青年層の雇用、環境破壊、貧富格差の問題を扱っていないのだ。

海外シンクタンクの模倣よりも、韓国の知的伝統に土台を置いた固有の観点と論理を強調する時、韓国シンクタンクの世界性・効果性が最大化できる。韓国の最大の強みは、帝国主義的な支配の伝統から自由だということだ。韓国はバランスが取れていて、互恵性のある国際関係を標榜する。それでほかの先進国シンクタンクよりも、さらに開放的な討論の場を用意できる。

韓国は朝鮮時代から牽制と均衡、そして持続可能な発展を模索する立派なガバナンス伝統を維持してきた。これは世界的な含意がある政策革新の土台だ。最近の製造業分野での成功よりも、一四～一八世紀に韓国が成し遂げた制度革新を浮上させてこそ、より深みのある韓国型アプローチ法を開発して世界に出せる。

韓国は集賢殿《チブヒョンジョン》を歴史上持っている。一一三六年に延英殿を集賢殿に改名してから始まった。一四二〇年に世宗《セジョン》は集賢殿を再編し拡大させ、それまでは省庁を持たず職務がなかった集賢殿には官庁が与えられ、経典の編纂や様々な分野の研究から、王の諮問機関にもなった。

この偉大なシンクタンク遺産がある。集賢殿は、途方もない自由と独立性を維持した政策討論の中心であった。長期的で道徳的なガバナンス構築のための具体的な研究成果を生み出した。儒教の伝統を重視していたが、政策研究に対するアプローチ法は極めて実用主義的であった。現実問題を解決し、より公平性のある社会を建設しようとする世宗大王の改革を後押しするためであった。二〇世紀以前に、世界的にこうした立派なシンクタンクは類例を探せない。次世代の韓国のシンクタンクもこうした集賢殿を参考にすれば、世界的シンクタンクの新しいモデルになることができるのではなかろうか。

その３ ― 朱子学の伝統は現代社会の危機を救える

◆朱子学の遺産について

朱子学は強いて日本の高校の教科書に出てくる言葉を借りれば、「江戸時代に近代化に反対した保守派の思想」と定義することができる。そして今になっては、博物館で展覧するような、われわれの生活に何の役にも立たない骨董品のような取り扱いを受けているが、それは本当にそうなのだろうか。

もちろん、男尊女卑といった、女性に対する差別や極端な思想など、問題点は多いが、現代の日本社会のような、深刻な道徳崩壊の問題に直面し、尋常ではない消費文化に溺れた病んでいる社会では、未だに朱子学の伝統から見習う点が多々あるのではないだろうか。それは目上の者の命令には無条件に従う、といったことなどからではなく、朱子学の最も魅力的な点である、行政、教養、道徳の融合から探し出せるかも知れない。私たちは、まず、朱子学の遺産とは何なのか、そして、今の時代に偉大な知的伝統の価値を見出すためには、なぜ、学問的努力を傾注することが重要なのか、綿密に考える必要がある。

朱子学は南宋時代の学者、朱熹（一一三〇～一二〇〇）によって明文化された哲学体系の総称であり、後の中国、日本では国家イデオロギーの礎を形成することになった。朱子学は自然界、政治的葛藤、そして、倫理の領域を包括する、最も包括的な世界観を創出するために初期の儒教の教えと仏教により発展した形而上学的な言語を組み合わせた存在論と認識論への、総合的なアプローチであった。

しかし、過去、数百年にわたる東アジアの最大の失敗は、政策、政治、教育、道徳、そして、法律に即座に適用できるような、朱子学の再解釈が行われなかったことにその原因があると言えよう。日本で教育を受けた人は、歴史の教科書に何行か言及されている以外は、新儒教に接する機会は、ほとんど無かったのが実情である。

新儒教＝朱子学の伝統は、日本が近代化を阻止するために固持した、硬直で柔軟性のない社会秩序と関連していると思われ、近現代化、西洋化、そして、先進化された現在の環境に到達するためには、克服しなければならない対象であった。

このような議論は、一八世紀の機械工学や一九世紀の医学に一部、正当な根拠をおいているが、全般的には、中国、朝鮮、そして日本では、一八世紀以前にヨーロッパよりもはるかに複雑で微妙な公論の場を発展させ、政策過程においても、より平和的でより幅広い知識人を参与させることが可能だった。

さらに、ある逸話によると、一九世紀以前の東アジアでの識字率は、同時代のヨーロッパよりも高かった可能性が高い。

◆時代の課題に直面して

今日の私たちの課題は、朱子学の教えから無数の宝物を産出することである。新儒教の伝統の多くは、現在の社会に適用できるものである。現在の社会は今後ますます持続不可能になるであろうし、消費や衝動的な欲望に駆り立てられて断末魔的な視覚に惑わされ、未来へのビジョンを明確に提示することができないでいる。それは今日、現実から切り離せない二つの酷烈な問題をもたらしてしまった。その一つは、西洋伝統の道徳的な崩壊である。

　西洋での蒸気エンジンや航海装備などの先進的な技術や、洗練された機関（世界統合貿易システムは築いたが）は、アヘン戦争時には圧倒的に強力な存在であったため、東アジア各国はあらゆる分野において深刻な文化や制度の再考を余儀なくされたのだが、今日、このような環境はまったく変わってしまった。現代を生きるわれわれは、精神的な荒廃に直面している。私たちは虚無感に浸っており、無意味な消費を繰り返し、空虚な空間に暮らしている。

　このような深刻な危機は、社会を改革しようとする努力を無駄にし、深刻な矛盾に陥らせている。それは、私たちが技術的で官僚的な解決策しか提示できず、社会政治の中にある精神的な問題を表現する方法を持っていないからである。残念ながら、今日の経営や政治に関する議論は、実際の経験とは無関係であり、「革新」や「リーダーシップ」についての陳腐な論議しかなされておらず、心理的もしくは精神的な課題は探求できていない。私たちは、世の中を最も表面的に理解する基準に束縛されており、世界はデジタル革命によってフラットになった。私たちに欠けているのは、観察する現象の背後にある根本的な形而上学の感覚である。

　今の時代に生きる私たちは、次のような現状に直面している。今日の最大の脅威は、テロリズムでも景気の減速でも個々の政治家の行動でもなく、文化が退廃してきたことである。個人は国家の未来には関心が希薄で、飲食、酒、性的快楽、休暇やスポーツなどが溢れる文化の中で暮らすことを優先するようになった。人生の目的は、目先の満足となり、犠牲は価値の領域から消滅してしまった。これが典型的な退廃の様相である。残念ながら、現在の社会は市場への需要を創出するために間違った努力を費やし、人間本来の原始的な力を開放して、若者には表面的（ファッショナブル）な経験としての欲望を促進させた。伝統的な儒教の合理性や自己統制、思いやりなどを野放し状態の野獣と履き違えてしまったのである。行儀悪く食べ物を口に詰め込んだり、テレビをつけると二〇年前ならポルノとして禁止されていたはずの衣装をまとった、半裸の女性が出てくるＣＭが平気で流れている。

このような戦略は、製品の販売促進のためなら効果的かもしれないが、社会的なあらゆる分野において道徳的な退廃をもたらす結果となってしまった。その結果、政策は国家福祉、安全保障、価値観の確立ではなく、富や権力蓄積のための単なる機械と化してしまったのである。社会全体がこのように退廃してしまった場合、これらの問題を経済政策や技術政策などでは解決できないことを認識しなければならない。

新儒教の伝統は、このような部分に多くの提言をすることができる。文化や健全な習慣の回復、退廃の性質とその治療法に関しては多くの事が述べられている。儒教の表現として、「君子は独りを慎む（君子慎其独也）」という言葉があるように、倫理というものは誰かに監視されているという以前に、内面から出てくるものでなければならない。おそらく、今の世界が直面している最も重要な課題は、裕福な国家に生きる特権的地位を擁する人々が浪費している、とてつもなく大量の天然資源の無駄を減らすことである。車を所有したり、豪邸に住んだり、必要以上の食糧を食べようとする過分な欲望を、抑制して行動する必要がある。幸福への道だと確信しながら、過度な消費という悲惨なサイクルに陥っているのである。また、このような消費は環境を破壊し、人類の未来を脅かす。

今日の環境への莫大な被害の大部分は、裕福な先進国に住み、過度に資源を消費する人々に起因している。私たちが真剣に消費を減らさない限り、子孫には持続可能な世界を約束することができない。

環境破壊の背景にあるもう一つの要因は、デジタルが代弁する時代の動向と、私たちを取り巻く、絶えず変化するイメージとの因果関係に対する認識の低下である。われわれ自身が毎日無造作に繰り返しているある行動が、周辺諸国で起こっている事にどんな因果関係があるのかを、明確に知ることさえできないでいる。それどころか、両者は全く関係がないと考えることもしばしばある。紙やプラスチックが環境にどのような影響を与えるのかも考えず、カフェでコーヒーを飲んではその紙コップを捨てる。このことはカフェでサービスを提供する人に対して態度が、自国の文化をいかに卑下させるのかも考えずに彼らに軽率、且つ、無礼に接することにつながる。

儒教の伝統的な核心に戻り、何よりも自分のすべての振る舞いが、窮極的には道徳的な行為である、という事実を認識する必要がある。本を読んだり、食事をしたり、友達と話をしたりすることなど、すべての行動が社会に肯定的な影響を与えることができるのである。日常生活における、道徳的な行動の意義を再確認することで、健全な政治文化を創造することができるのである。

人間の本性は変えることができない。しかし、あらゆる面で高い道徳的な行動を要求する文化を確立することで、政治家に圧力をかけることができるのである。

その４――孝道と韓国の未来

私は『韓国人だけが知らない別の大韓民国』を執筆した当時、韓国の伝統文化のうち、どの部分が韓国の未来の発展で、青写真の役割をするかを考えながら多くの時間を過ごした。そこで韓国の未来で孝道が占めることになる価値について一つの章を書くことにし、概要を作成した。しかし、結局はやめた。韓国の友人の反応があまりよくなかったからだ。

韓国の人々は孝道が義務だと言いながらも、これといって孝道に対する情熱を見せない。しかし朝鮮時代の孝道は、「珍奇な」な習慣ではなかった。孝は抽象的な道徳と具体的な実践のあいだに、橋をかける倫理体制の核心だった。また孝道は個人の領域と公共の領域を一つにして、持続可能な政治体制を作った。一八世紀、中国人は韓国の孝道を高く評価した。中国人は、年長者と先祖に対する韓国人の尊敬を、文明社会の兆候だと把握したのだ。韓国の未来を設計する時、孝道を除こうとする考えは間違いだ。

私は安東《アンドン》にある儒教ランドに行ったことがある。ジオラマ装置が堂々たる儒教ランドの建物を満たしている。漫画から飛び出してきたような人物が登場し、儒教的な価値を具体的に見せてくれた。

このテーマパーク型展示体験館の趣旨は、十分に理解できるが、残念ながら儒教的徳性の育成は後回しにされ、観覧客の誘致が目標とみられた。一二歳以上の人々を引き込むほどの内容は、特に見られなかった。しかしわれわれの社会は、孝道という意味に内在する、他人に対する惻隠の心が切実に必要だ。韓国は現在、子どもが老父母を捨てる事件まで発生する国になってしまった。同じように家族から疎外され、絶望の中で自殺する若者も出てきている。

孝道は必ず復興させなければいけない韓国の伝統である。しかし孝道を復活させるためには何よりも、孝道を完全に新しく再解釈しなければいけない。そうしてこそ孝道が単に抽象的な概念ではなく、生きて呼吸する日常生活の一部になることができる。

根本的に新しい孝道を作り出すには、想像力の動員が求められる。孝道の伝統を今日に合うように再解釈するには、芸術家と作家、そして普通の市民と一緒に作業する知識人が必要である。こういう作業は「ブランド推進委員会」や広報コンサルタントではできない。まず孝道は女性に対するすべての偏見から脱する必要がある。韓国社会は根本的に変化したため、儒教の伝統は性中立的（gender neutral）に変わらなければいけない。先例がある。こうした改革の事例が、ユダヤ教とキリスト教の伝統からも数多く発見される。子孫が崇めるべき先祖には女性が含まれるべきであり、女性は祭事など儒教の儀式に男性と同等な方式で参加しなければいけない。伝統を改革することに失敗すれば、結果はその伝統自体の消滅だ。

また、孝道は道徳的な義務だけでなく、自己理解（self-understanding）にいたる過程としても理解しなければいけない。孝道はわれわれにとって、真のアイデンティティの核心だ。なぜなら、われわれは先祖についてよく知らないが、われわれは先祖の貢献が生んだ産物であるからだ。孝道の伝統を復興させるには、ストーリーテリングを活用するのがよい。親は先祖について子どもに話すことで、考えや体つき、そして経験がどのように過去の世代の先祖とつながるのか、子どもに悟らせなければいけない。

孝道はフロイト的接近法と似ている。しかし孝道はより建設的な心理学的理解を提供する。孝道を通じて、子どもの人生で親が占める極めて重要な役割を知らせることができる。抽象的な科学的分析でなく、親－子関係の肯定的なものを強化する日々の実践を通じてである。英国の哲学者バートランド・ラッセルは、一九二〇年に北京に一年間滞在しながら講演活動をした。ラッセルは一九二二年に出版した『中国の問題』（The Problem of China）で、西欧国家で「ある個人の忠誠心を戦闘部隊に誘導する愛国主義」より、儒教の孝道が政府を運営するのにはるかに望ましい体制だと指摘した。この言葉には深い意味が込められている。孝道は個人の領域と国家をつなぐ統合的な哲学の可能性を提供する。孝道の哲学は過度に単純化された「理念」ではなく、軍国主義に容易に変質することもある「愛国主義」に依存することもない。

一九世紀に西洋人は、韓国人が過度に家族を強調すると批判した。しかしその孝道は韓国が帝国主義的な国家になるのを防ぎ、韓国が人間愛あふれる統治制度を維持することを可能にした。

その5 ― 化石化した韓国政治

二〇一六年に朴槿恵《パククネ》を政権から引きずりおろしたキャンドルデモは、まだ記憶に新しい。ハイレベルな政治参加への文化をもたらし、朴槿恵政権を倒す当初の目標からすれば、成功したといえる。しかし、朴槿恵政権の裏に潜んでいた制度的腐敗、韓国経済に大きな影響力を及ぼすようになり新たに浮上した海外投資銀行、トランプ政権への支持や執着、イランと戦争しようとするアメリカ内のネオファシズムへの沈黙など、問題は全く改善されていない。文在寅《ムンジェイン》大統領は、「キャンドル革命」で誕生した大統領としての神話が消えつつある。

韓国で政治が衰退してしまったのは、人間の経験に基づくファシズム的アプローチや、過度な産業主義のせいである。暮らしのありとあらゆる面で、サービスが有料提供されるようになった。健全でない文化が、韓国の出生率をかつてないほどに低下させてしまい、それに加えて、最近ではイエメン難民（内戦から避難したイエメンの難民が済州島に滞在している。二〇一八年に五四九人のうち難民認定を受けたのは二人）への不満が一気に噴き出し、それが移民者への敵対心となった。

結果的に老衰してしまった社会は、高齢者が政治をほぼ支配していることを意味している。実際、政財界で決定権を握っているのは、七〇歳以上の男性である。この問題は、富の集中によりさらに深刻になってしまった。ほとんどの若者は政治プロセスからは疎外されており、ごく一部の若者しか政治参加への強い意志は見られない。多くの若者は、変化への希望を諦めてしまい、スターバックスでコーヒーを飲んだり、ゲームやポルノなどで現実逃避したりすることしか興味を示さなくなってしまった。まさに政治が崩壊してしまったのである。

リベラリズムは八〇年代の民主化運動や、二〇〇〇年代初めの盧武鉉《ノムヒョン》政権に影響を及ぼした勢いを、ほぼ失くしてしまった。とりわけ、目につくのはリベラル的な政治論争が、狭い範囲のシンボル的問題に限定されてしまったことである。太平洋戦争当時、日本軍が性的虐待を行なった「慰安婦問題」については、限りなく議論される。このことは日本の植民地支配清算という歴史問題が、未解決であることを押さえねばならないが、一方で今日、韓国人男性が行なっている移住女性への虐待について、関心を示す者はほとんどいない。農民の生計を脅かす自由貿易については、タブーなテーマになってしまった。

老年期を迎えたリベラル指導者のほとんどが、八〇年代の「民主化運動」の追憶に浸ったままで、今日の労働階級の若者たちが直面している深刻な問題は把握していない。彼らはアメリカの民主党員と同様に、企業との緊密な協力よりは、左派からの批判にしか関心を示さない。結局、年老いた指導者たちのほとんどが相当な資産の所有者であり、より公平な社会を作ることよりも、自分の身内がよい大学に進学できることにしか余念がないのである。

ところで、つい最近、非常に影響力を持つリベラル系政治家が主催する本のサイン会に招かれた。その会場では五〇代後半の私が、最年少参加者であるという事実に衝撃を受けた。絶滅した恐竜のアロサウルスやディメトロドンのように化石化した参加者たちは、七〇、八〇年代の学生闘争の話を何時間も延々とした後に、その当時の歌を歌いあった。参加者たちは民主主義について語ったり、何人かの保守政治家に対しての批判は行なったが、熾烈な学歴競争社会が支配する悪夢のような世界で、必死に生き残ろうと歯を食いしばっている普通の若者たちが直面する現実については、一切口にしなかった。

一つ確かなことは、衰退してしまった経済のもとで日々塾通いや仕事に追われる韓国の若者たちは、そのイベントについて何も知らなかったということである。しかし、もし、若者たちがそのイベントに招かれたとしても、有意義な時間を持てたと思う者は、誰一人としていなかったであろう。

また、最近のことだが、ソウル市恵和洞のリベラル系の書店で、友人と一緒にコーヒーを飲む機会があった。その書店に陳列してあった韓国語の教育、経済、社会、文化関連の本はたいへんすばらしかった。書店の社長は、現代社会について真剣に考えている知識人であった。しかし、年配の知識人が作った知識空間と、現代社会で自分の道を見出そうと孤軍奮闘する一般人の間では、埋められない溝があるように見受けられた。韓国各地のカフェやコンビニで、あくせくと働いている多くの若者は、リベラル系書店にある本を読むことで得られるものがあるはずである。おそらく最近の若者は、読書習慣をあまり身に着けていないであろうが、本を読むことで現代社会でも真の価値を見出すことはできるだろう。

確かなことは、若者たちはリベラル系書店が存在することも知らず、書店に埋め尽くされている書籍を、あまり身近に感じていないということである。残念ながら、若者たちは、自分たちがおかれている大変な境遇への共感を、歌謡曲の歌詞から見出そうとしている。よかれと思ってリベラル系書店を営んでいても、高等教育を受けた裕福な経営者には、現代社会であくせくする人たちへの接近法はわからないのである。

私は韓国で過ごした一三年の間、リベラルな非政府組織（ＮＧＯ）で活動してきたが、どのＮＧＯでも参加の意味が非常に薄れてきたので、活動からは全部身を引いた。そのＮＧＯからは未だに会費の支払い請求があったり、定例会議にも招待を受けたりするが、それ以外の行事には参加する機会もなく、私が積極的に参加して手助けできるものもなかった。会員資格がさほど重要でないことは明らかである。むしろ、定例会議には、リベラルの裕福な寄付者の方が必要に思えた。わかりやすく述べると、リベラルの寄付者はグリンピースの活動家がホッキョクグマを守るキャンペーンを展開するように、自分の活動を見守るだけである。グリンピースはホッキョクグマに意見したり、会員登録を要請したりすることはなく、リベラル団体は労働階級の人々には加入要請も行わない。

私が最も力を入れてきたＮＧＯは参与連帯なのだが、ソウルと大田の会員として活動してきた。当時、外国人を含む韓国内の全労働者を対象としたセミナーを開催して、労働者が求める事項についてはよりわかりやすくするべきだと主張してきた。私が求めたのは、ＮＧＯ事務所と参与連帯のホームページに、イベントを公示することだけであった。しかし、私の提案は受け入れてもらえなかった。ところで、四ヶ月前に参与連帯側から、脱退理由を問う電話があった。私は理由も説明して、業務担当者に直接会ってもっと積極的に参加できる方法が話し合えたら、また喜んで参加する意志を伝えた。しかし、それに関しての回答は得られなかった。

ならば、韓国の保守主義者の状況はどうかというと、政治の化石化は保守陣営の方がもっと深刻である。光化門広場では保守陣営のデモが定期的に行われているのだが、このデモに参加しているのは韓国、アメリカ、イスラエルの国旗を手にする老人たちが大多数である。理由は定かではないが、保守政治家たちが、日本との親密な軍事協力を推進しているにもかかわらず、日章旗を手にしている者は見られない。

こういった集会では反共、トランプ米大統領のキリスト教界への支援、朴槿恵前大統領の釈放、六〇、七〇年代の漢江の奇跡への賞賛、などが主なテーマになっている。デモの参加者の中には、朴正熙《パクチョンヒ》元大統領の顔写真バッジをつけている老人もよく見かける。韓国が国際貿易依存度を高め、農業を軽視し、化石燃料の大量輸入を推し進めたのは、朴正熙元大統領の決定的な大きな過ちだと思っているが、朴正熙元大統領の経済成長へのたゆまない推進力や公教育の整備について、未だに大きな成果だと評価されることには理解ができる。

しかし私が理解しがたいのは、一時、左翼の労働党で積極的な活動を行っていた老人たちが、経済的自立を主要目標とした朴正熙元大統領と今日の保守政党は関連があると思っていることである。朴正熙元大統領であれば、今日の保守陣営が推進している食品やその他商品の輸入依存度を高めたり、外国の投資銀行が韓国経済を直接干渉できるようにしたとんでもない経済政策は、決して認めなかったであろう。保守陣営は、狙った獲物は決して逃がさないマッコーリー・グループ（アメリカ投資資本で海外のインフラ投資を行っている）のような、海外金融機関に自国のインフラをやすやすと明け渡している。朴正熙元大統領ならば、社会間接資本施設に対する民間投資法（ＰＰＩ）を推進したり、韓国経済の中枢を担ってきた自営業者たちが経営難に陥るのを、傍観しなかったであろう。

今日の保守主義者は韓国の伝統を破壊して、カジノ宣伝や美容整形の奨励・広告など、女性の役割を性的対象として局限すること以外には、何も考えてない破壊的な新自由主義経済の政策だけに執着している。

しかしながら、韓国の保守政治を代表する老人集団にも財産はある。それは米韓同盟である。朝鮮戦争前後の米韓関係は、貧しい人たちのために惜しみなく尽くす宣教師や平和支援団体のボランティアたちと、民主主義を崩壊させた無慈悲な軍部に挟まれて、とても複雑な関係であった。

デモ要員の老人たちは、アメリカ政府の実際の政策についてきちんと理解しているわけでもなく、両国の関係が進むべき方向についても、実質的な提案ができるようには見受けられない。むしろ、アメリカは急激に発展することよりも、安定かつ予測可能な未来を象徴する対象になった。

保守主義者がアメリカにこういった態度をとるのは、昔、優れた文化や経済力を持ち備えていた明に対して、敬意を払って接していた事大主義のやり方を彷彿させるものがある。明は一五九二年と一五九八年に豊臣秀吉軍率いる日本が朝鮮を侵略した際、援軍を出兵させた。明・朝鮮の両国は、そういった出来事を通して、関係をさらに確固たるものにした。当時の朝鮮の大多数の知識人にとって明は、政治的・文化的権威の源泉になった。しかし、既に加速化していた明の政治・道徳・制度の衰退は、一七世紀初めには抑えが効かなくなってしまった。朝鮮には明の政治文化の面影が強く残っていたのだが、明自体は国内各地で起こった反乱により、一気に弱体化し、結局、一六四四年には完全に崩壊してしまった。

当時の朝鮮の知識人の大多数は、その後も三〇〇年にわたって明の文化的権威に忠実に従い、満州族が清王朝を建国してからは、誰の目にも朝鮮は窮地に陥っている状況であっても、その当時の保守主義者たちは朝鮮では明の制度を維持したという自負心を持っていた。朝鮮の人々は、明末期でも衰退の兆候を認めず、明の権威は明が滅びてからも長い間維持された。韓国には今でも明の最後の皇帝、崇禎帝（一六二七―一六四四）の年号を用いる儒教寺院がある。

今日の保守主義者の態度はこれにとても類似しているように見えるのだが、アメリカが朝鮮半島での重要な役割を終えてからも、アメリカに対する忠誠心がずっと維持されるかどうかが気になるところである。保守主義者は、自分たちにメリットになるアメリカとの関係が維持されることを望んでいるが、それに関しては今や難しくなった。保守主義者たちは文在寅政権がアメリカとの関係を敬遠していることにとやかく言うよりは、むしろ、北朝鮮指導者と「恋に落ちた」と言うアメリカ大統領に、過去の自分たちの神話へと後退するように要求している。

老人たちが支配するリベラル・保守議論、狭い範囲に限定された議論テーマのせいで、韓国では北朝鮮の開放を上手く活用できる能力が麻痺している。北朝鮮と共に推進できるプロジェクトの提案・実行ができるクリエイティブな若者は多いが、根本的に若者は単なる傍観者でしかなく、超就職難の中で、自分の生き残りをかけて身を削らなければならない。北朝鮮は未だに多くの問題を抱えているが、今現在の一番の難題は、朝鮮半島の新たな可能性を模索する韓国の人々が、どこまで手腕を試せるかどうかである。

第八章　南北対話に向き合う

その１ ― 朝鮮半島における伝統復活のための南北対話の構築

◆固定観念から脱せよ

ほとんどの人は、南北間のイデオロギー的分裂が大きすぎるため、政治イデオロギーや統治方式についての議論は、分裂を助長することがあるとして、意図的にこれを避けるべきだと考えてきた。かわりに、貿易と投資のような中立的な問題に焦点を当てる必要があると考えている。

しかし、これはかなり時代遅れな仮説である。貿易と投資は中立的な問題ではなく、それによって北朝鮮のすべての階層の人々が金日成の遺産に幻滅を感じ、一方では、一般的に普及している中国とベトナムの高成長モデルについても懐疑的だという証拠にあふれているからである。

韓国人たちは、過去五〇年間、韓国をリードしてきた輸出志向の高成長と消費中心の経済体制が持つ重大な限界とリスクを認識するようになった。非武装地帯（ＤＭＺ）をまたいだ両側の多くの人々が、代替案を作成するために苦心している。これからは固定観念から脱して新しい思考をしよう。

おそらく、政治哲学、政治、経済の根本的な問題について、南北の学者や高級官僚の真剣な議論はイデオロギー的対立の源泉ではなく、大きな歴史的意義を持つ創造的で感動的な瞬間になるかもしれない。

金正恩国務委員長と文在寅大統領が、南北首脳会談の開会式で一緒に歩いているあいだ、その後に朝鮮時代の黄色のユニフォームを着て列をなして立っていた軍人たちに、注目が集まったことを覚えているだろうか？　その場面は決して偶然ではなく、軍隊の単なる装飾でもなかった。むしろ、その瞬間は、過去の伝統に耳を傾けることが分断を助長するイデオロギーコードを越える手段として、使用できることを示唆するものであった。

南北間の協力においての障害の一つは、用語や概念が暗示している意味についてである。このような観点から過去を振り返って見ることは、現代社会からの反動的な後退ではなく、むしろイデオロギー的問題を解決する機会を提供する、創造的な解決策と見るべきである。例えば、韓国で一般的に使用されるイデオロギー的用語である「自由」は、北朝鮮で使用される用語「共産」と和合するのは難しい。ある文化圏では、個人の競争力を成功のための必須要因としてみなしているが、他の社会では、集団の協力を究極的な最高価値とみなす。しかし、私たちは昔からの伝統的用語「弘益」を使用する場合は、過去六〇年間の偏狭なイデオロギー的分裂による制限を受けない、社会的コンセンサスを構築することができる、独創的な空間を創造することができる。

◆将来の青写真にどう活用するか？

同様に、韓国の「国会」を北朝鮮の「労働党」と、調和させることは機能的に難しい。両機関は、根本的に異なる仮定の下で運営されている。私たちは、いずれかの側を押し出して、これを完全に排除するかわりに、朝鮮時代の最高行政機関であった「議政府」の利点を考慮して、五〇〇年間続いた非常に強固な制度を再解釈して、二一世紀の難題を解決しようと努力するとき、将来のための青写真として活用することができる。昔の朝鮮半島におけるベストプラクティス（ある結果を得る為に一番効率の良い方法）を創造的に見直すことは、古代ギリシャの統治概念を再解釈し、現代に合わせて作るために、一八世紀のアメリカで推進されたプロジェクトと類似している。

一七八七年に開かれた憲法制定会議に代表されるアメリカのこのようなプロセスは、世界中の責任ある政治のために、複数の世代にわたって行われた活動に大きなインスピレーションを与えた、新しい普遍的概念である民主主義のお膳立てとなった。少数の参加者が政府の根本的な革新に関する過去のベストプラクティスを見つけるために、道徳的に専念したため、そのプロジェクトは成功した。

しかし、アレクサンダー・ハミルトン（Alexander Hamilton）とトーマス・ジェファーソン（Thomas Jefferson）が、アメリカ憲法草案を作成する過程で注目したのは、一五世紀と一六世紀のヨーロッパのルネサンスであった。イタリアとフランスのルネサンスの思想家たちは、古代ギリシャやローマのベストプラクティスに着目し、彼らが発見したことを再解釈して、瀕死状態に陥った文明に活力を注入するための手段として活用した。彼らは過去の文化から、変革の力を発見して新しい地平に進んだ。彼らにとって過去を振り返ることは郷愁ではなく、むしろ革新のための機会であった。類似の文化的ルネッサンスの事例は、韓国の伝統においても見つけることができる。

今日の韓国政治で議論されている政治改革は、非常に狭義の概念で、ほとんど一九六〇年代以降から現在までの韓国政治にその対象を限定している。ほとんどの韓国人は、朝鮮正祖《チョンジョ》時代の一八世紀後半又はそれ以前から、多様な方式で改革と近代化の過程が開始されたという事実を知らない。

残念ながら韓国人は、西洋式の経済と制度改革が始まった二〇世紀以前までは、朝鮮半島が絶望的なほど遅れていたという日帝植民地時代に確立された神話に多くの場合取り憑かれている。朝鮮半島における政治的発展のそのような限定的な例を見ることによって、私たちは過去に発見された、制度的、経済的難題に対しての創造的対応の可能性を、過小評価している。この問題は、南北の両方で同じように見いだすことができる。

◆何をすべきか？

朝鮮半島における歴代各王朝の制度史、習慣、価値および技術を共同で研究し、過去において得られたそのような宝物を、現代社会のニーズに合うように調整可能な、南北の学者や芸術家、作家および思想家で構成される南北グループ（委員会）を結成しなければならない。その過程を通じて、朝鮮半島における哲学、芸術、文学、建築、文化の再発見の機会を得ることにより、政府の新しい可能性と、共通の過去に基づいた新しい共通言語を作る機会を提供することができる。政府官僚、政治家、企業、ＮＧＯ活動家などが参加しなければならない。そのグループ内において、南北の人たちを一緒に集めることで共通点を発見し、朝鮮半島の潜在力を探索することができる、より多くの機会を得ることができる。

朝鮮半島の伝統は古朝鮮、百済、新羅、高句麗、渤海、高麗、朝鮮の王朝ごとに、大きな多様性を持っている。この南北の委員会が、一連の会議を通して共同で探求することができるいくつかの主要テーマがある。委員会は、文化的ルネサンスを開始する共通の根拠を、見つけるための手段となることに非常に適している。

統治方式　各王朝は中央および地方政府をどのように運営し、中央政府と地方政府とのあいだの関係はどうであったのか？　利害の対立と腐敗を防止し、行政府内の能力中心主義を確立し、有能で倫理的な人々を政府に登用して維持するために、各王朝はどのような解決策を提示したのか？　透明性を奨励して党争を防ぐ方法は何であったのか？　各王朝の政府権力の限界は何であり、権力乱用や富の集中を防ぐためにどのようなメカニズムを開発したのか？

統一、外交と安全保障　韓国人たちが統一について考えるたびに、常にドイツをモデルに考えるが、新羅の三国統一や高麗の後三国統一のように、私たちがやるべきことと、やるべきではないこと、また効果的に長期的な統合を実現し、新しい制度を構築することに対してのヒントを提供する、過去の朝鮮半島統一の事例がある。

同様に、各王朝の新しい過程を計画する際に推進した様々な外交と安全保障政策があり、これは南北の人たちに非常に貴重な価値があるかもしれない。新羅の外交の天才である崔致遠《チェチウォン》や、朝鮮の天才武将、李《イ》舜臣《スンシン》の事例は、私たちに多くの教えを与えている。私たちに必要なのは、彼らの言葉を新しいコンテキストに翻訳して行動に移すことである。

経済　各王朝の政府は、長期的な経済発展をどの程度まで調節することができたのか、各王朝で利用した市場経済はどのような面で成功であったのか？　各王朝で「経済」の領域はどのように定義され、過去の経済的なアプローチを通じて、私たちは過酷な社会主義と無謀な消費志向的市場経済を超えた「第三の道」を見つけることができるだろうか？　現在の南北の政府は、長期計画設立と長期政策実行能力を大きく失っているので、新しいモデルを見つけることが切実である。

また、委員会は、各王朝がどのように競争への執着を越えて、経済の共同アプローチを多様に提供してきたかを探求することができる。私たちは、伝統的なアプローチを通じて、株式、債券、およびデリバティブではない、人々に関する情報を提供することで、経済を再生させることができるモデルを見つけることができる。王朝毎にどのような経済改革を実行し、どのような要因で改革が成功したのか、または失敗したのか？　各王朝は社会的不平等と誇示的消費が、増加する危険な傾向をどのように扱ったのか？

持続可能性　持続可能性は、南北双方が解決できなかった朝鮮半島に襲いかかった危機状況である。私たちは、それぞれの王朝が倹約、環境の保護、そして倫理的かつ文化的に豊かでありながらも、民のために控えめで持続可能な文化を、どのように奨励したのかを自問するべきだ。持続可能な農法を奨励する効果的な農業政策は何であり、これを今日、持続可能な経済を再発見しようとする韓国の努力とどのように関連付けることができるのだろうか？

リサイクルを推奨して耐久力のある製品を製造し、分解されないごみの生産を避ける方法は何か？　そのような習慣と価値を、現在のこの時代にどのように再導入するのか？

以前の王朝の有機農法と灌漑政策が、私たちには大きな価値があるかもしれない。これまで南北で行われた、過去の知恵を無視して強行した浅はかな開発により、深刻に破損した土壌や川を復元する必要がある。現代科学の洞察力を通じた伝統農法の復元は、カーボンニュートラル（何かを生産したり、一連の人為的活動を行った際に排出される二酸化炭素と吸収される二酸化炭素が同じ量であるという概念）の時代を確立する最速の方法である。地域営農を奨励し、農業部門で新たな雇用を提供する持続可能なコミュニティを作る方法を、私たちは過去から学ぶことができる。過去には、人間の排泄物をきれいな水と混ぜて海に流さずに天然の肥料として使用することにより、輸入人工肥料への依存から脱することができた。北朝鮮は、土壌を復元し、森林を再造成するための強力なアプローチを見つけることができる。

このような朝鮮半島における持続可能な伝統を復活させることは、農業での石油依存と輸入食品の危険依存から抜け出す最速の方法である。各王朝が提供する持続可能な都市計画、建築、インフラストラクチャを活用した異なるモデルは非常に貴重である。

おそらくこの委員会は、日本の伝統的な持続可能な慣行に関するアズ・ブラウンアズビー・ブラウン（Azby Brown）の著書『*Just Enough:Lessons in Living Green from Traditional Japan*』と類似のコリアンコミュニティのベストプラクティスを記述することになるであろう。

教育　韓国は数千年間受け継がれてきた私立学校（書院）と官立学校（郷校）の形態で、豊富な教育と学問の伝統を持っている。過去の学校は、新しい教育モデルを提供することができる。伝統教育で強調された教師と生徒とのあいだの長期的関係は、私たちに新しい道を提示する。伝統教育で教えてきた倫理と社会的責任へのコミットメントは、現在韓国の商業化された教育システムと、北朝鮮の硬直化した教育システムを超える、手段となることができる。

現代の問題に対する新たな創造的アプローチを提示する手段として、政府、経済、人間関係に関連する過去の事例を調査することは、伝統的な儒教教育の中核であり、今日の教育により適した新しいアプローチになるかもしれない。儒教教育は男性を対象にしたものだが、私たちはその伝統を変え、女性にも適用することが重大な取り組みとなるであろう。また儒教、道教、仏教の教えに対するアプローチを通して、私たちは競争に過度に執着することから脱して、新たな協力文化に進むことができる。

家庭　過去の人たちが持っていた価値観が、常により良いと主張することは間違っているかもしれないが、高い自殺率、広範なうつ病、今日の家庭内に深刻な問題があることを知る意欲の欠如が、韓国の活力を蝕んでいることだけでも見る必要はある。伝統的な家族関係から離れること、他者への真の関心から離れていくことは、私たちの社会を深刻に傷つけた。この問題は、南北ともに同じである。儒教、仏教、道教を内包した伝統的な家族の習慣と価値の検討を通して、私たちはどのように家族とのあいだの密接な関係を確立し、協力と相互支援を奨励するのかについてのモデルを得ることができる。

精神的な生活と意味のある経験　私たちは、儒教、仏教、道教を介して、生活の経験をさらに深く意味のあるようにする、多くの方法を学ぶことができる。私たちは、どのように心の平安を見つけるかと、薄っぺらで不毛な消費文化を超えることができるのかについて自問すべきだ。朝鮮半島の精神的な伝統は、世界中のすべてのスターバックスとイケアより、朝鮮半島の未来にとっては遥かに重要である。自然との交感（風水）、先祖に対する意識と尊重、仏教の注意深い瞑想、儒教朱子学の倫理を組み合わせた朝鮮半島の伝統は、知的でない現代社会に絶対に必要な代替手段を提供する。

何よりも、そのような過去の哲学の伝統を受け入れることによって、近代韓国人の首を締めている目に見える物質的豊かさの強迫観念から脱し、自由になることができる。朝鮮半島の伝統文化は、本質的な真理を強調している。最高の価値観、誠実さ、思いやりと敬意、私たちの生活のそのような側面は、目に見えず、計り知れないものである。過去の人々は、彼らの置かれた状況において物質的な側面が最も重要ではなかったので、素朴な部屋に満足げに座ることができた。

第九章　中国に向き合う

その１――「中国の夢」　欧米化？それとも新しい道を開くこと？

◆中国の歴史的伝統はどうなったか？

最近、会議のため南京に行った。あの有名な「夫子廟」へ連れて行ってほしいと案内係の学生さんにお願いした。南京は初めてなので、下町の昔ながらの喫茶店で、お茶を飲みながらのんびりしたいと思った。明の時代まで「金陵」と呼ばれた「南京」のことはよく研究していた。東京大学とハーバード大学で中国文学を勉強したとき、南京を舞台にした詩集をたくさん読んだ。一七世紀の散文雑記で描かれた、秦淮河のきれいな景色は印象深く、大学で小説『紅楼夢』を読んだときも、一八世紀の南京の軒を連ねる邸宅が何度も頭に浮かんでいた。しかし、賑やかな街を歩いて、昔の金陵の風貌を探そうとした私の努力は無駄だった。夫子廟辺りは昔の建物が既に取り壊され、ファーストフード店や洋服屋の入っている、つまらないコンクリート造建物が立ち並んでいる。たしかに上質なお茶を売っている店も何軒かあるが、そこで売られている食べ物やお土産はバンコク、ロサンゼルスのものとほぼ変わらない。結局、南京製のものには一つも出会わなかった。詩人、小説家どころか、匠、職人の姿までいつのまにか消えていた。

夫子廟のなかも昔の風貌がなくなった。石壁や土壁のかわりにコンクリートの壁が溢れている。大工さんの腕が悪く、壁と床のつなぎ目がいい加減に仕上げられていた。置かれた家具の作りが悪く、壁に掛けられた絵画もあり溢れたものばかりだった。

あの日南京では、パリのノートルダム大聖堂や、奈良の東大寺で拝見したような心を動かされる、歴史の跡には出会えなかった。南京の過去は、すべての中国人が勉強しなければならないとある本の中で読んだ気がしたが、街中を歩いてみたら、その華やかな歴史文化は今の南京とほぼ関わりなくなったように思われる。

案内係の学生さんのおかげで昔風の喫茶店が見つかった。喫茶店を出たとき、悲しい気持ちで胸がいっぱいになった。中国の歴史伝統が次から次へと消えていく。これは文化大革命のせいではなく、消費文化の激しい成長が招いた結果と言っても過言ではない。そしてこの悲しさは切実で深いものだった。

しかし最も悲しいのは、古代中国は持続可能な有機農業によって世界一のシステムを作り出し、国の複雑な官僚制度を支え、多くの人々を養えてきたにも関わらず、その素晴らしい有機農業の伝統が捨てられてしまったことだ。アメリカの農学者フランクリン・ハイラム・キング（F·H·King）がその著書『東アジア四千年の永続農業―中国・朝鮮・日本』（Farmers of Forty Centuries, or Permanent agriculture in China, Korea, and Japan）で、東アジアは確実な永続農業のモデルを作り出しており、アメリカはそれを導入すべきだと呼びかけている。一方、中国は致命的な化学肥料と農薬を取り入れたせいで、農業は持続可能なものでなくなった。古代中国の農業文明の素晴らしい知恵が最も必要とされる今、その跡取りも見つからない。

また、消費社会の残酷な価値観の反面、中国人の素朴、節約、親孝行、謙遜の人柄がとても魅力的に思われるが、これらの美徳を求めに中国を訪れたら、あなたはきっとがっかりするだろう。

◆中国の欧米化の夢

欧米文化から受けている悪い影響を減らし、自らそのあり方を求めるために、多くの欧米人が中国を訪れている。同じ目的で、アメリカ社会を支える制度を蝕んでいる物質主義と軍国主義に絶望感を持つ私は、中国文学を勉強することにした。中国の儒学、仏教学及び道学思想は、人間のすべてを金銭で評価するアメリカに新しい基準を提供してくれる。

中国文化の勤勉節約及び知行合一の精神が、学生時代の私に大きな影響を与えてくれた。多くの偉大な儒学者たちは、裕福な家庭で生まれ育った人でも無駄のない質素な食生活を実践し、文学と哲学を最高の人生目標として求めていた。中国は昔、静かで平和な文化を大切にし、人間社会と自然界の和を保つように配慮し、永続する生活を暮らすようにしていた。

しかし、今回中国に訪れて、私がアメリカで捨てようとした偽の「神様」を我先に拝む中国人たちに気づいた。レストランでの大量の食べ残し、アクセサリーなどの衝動買いを目の当たりにした私はかなり驚いた。百年前の中国人なら、恐らくこのような暮らし方に恥を感じたであろう。この気候変動の激しい時代では、このような無駄遣いはなおさら恥ずかしい行動に違いない。中国の多くの若者たちはアメリカ人のように、環境への影響を考えずにペットボトルやビニール袋をポイ捨てしている。

そして、何よりも悲しいのは、中国の政府までもこういう歪んだ経済理論と物質主義によって、官僚たちの功績を評価していることだ。この評価基準が既に欧米社会に多大な破壊をもたらしている。また、多くの中国人は、使い捨て商品の溢れる高級デパートで買い物するのが大好きで、派手な戦闘機を国家の実力の象徴だと認識している。このような変化を敏感に捉えたのは私が母国のアメリカが発展の方向性を失い、国民が消費への幻想に溺れることで現実逃避しようとする姿をこの目で見ていたからだ。

世界の道徳モデルの視点では、アメリカは惨敗したと言わざるをえない。アメリカはこの二〇年来、一連の不法戦争に身を入れてきた。アメリカ人は優越感に浸る一方で、環境保護や貧困層への関心においては世界基準を作ろうとしない。

これに比べ、中国は世界の発展途上国を引っ張っている。アジアやアフリカの多くの国は、中国の発展を成功例として捉え、中国政府から多くの援助を受けている。世界人口の五分の一は中国人なので、中国の影響力は圧倒的になる。また、中国の文化はアフリカや南アメリカの国々に直接的な影響を与え、発展途上国の多くの人たちが中国語の勉強に励んでいる。

中国文化は驚くほど深い知恵を集めている。持続可能な農耕の長い歴史と節約の伝統が、新しい発展モードの文化基礎になり得る。消費を基にしたアメリカの発展モードのかわりに、中国はいまだかつてないモードを一から作り直す必要はない。

◆中国が国際舞台の中心に立つ現実

多くの中国人が考えている強さは、アヘン戦争（一八三九－一八四二）とアロー戦争（一八五六－一八六〇、第二次アヘン戦争とも呼ばれる）が二度と起きないように、自分たちの力で国家の利益を守ることだ。中国人が国家の実力を高めて、外敵から国を守る願望は、もちろん理解できないわけではない。しかし、その国家の実力の向上は、気候変動など人類の存続に関わる課題に取り組むことではなく、空母や戦車の製造など、アメリカの求めているものと同じ形で現れる場合が多い。

中国国内では新自由主義の更なる推進と、毛沢東思想の復興の議論がされている。しかし、伝統的なやり方を取り戻して、経済と生態系及び政治問題に取り組むやり方には一度も触れていない。その議論の際、習近平総書記が「中国の夢」という構想を発表し、中国のグローバル化の道をどのように進めていくかを解説している。

二〇一二年一一月、中国共産党第一八回全国代表大会では習近平氏が「中国の夢」を発表し、「中華民族の偉大なる復興」の実現を中華民族の夢であり、中国人一人ひとりの夢でもあると掲げた。この夢は中国人の精神的な追求として、国や世界の更なる発展のために力を合わせるようと呼びかけたにも関わらず、多くの中国人にとって、数え切れないほどの高級車、便利な交通網、立ち並ぶ高層ビルや、商品の溢れる百貨店など、裕福な中国を意味するにすぎない。彼らは高級レストランで贅沢な料理をたくさん注文し、食べ残しが山ほどになることを夢見ている。中国人は欧米化の暮らしを羨ましがるが、われわれ欧米人にとって悪い予兆にしか見えない。

古代中国の末期に儒学思想の中の悪い要素が勢力を伸ばし、女性への束縛が過酷だったこともあり、中国の伝統のすべては肯定できないが、中国人には民族の過去を越えるべき障壁とせず、その過去から未来へつながるひらめきと悟りを見つけてほしい。

中国の伝統的文化は、幼い子どもの頃からビジネスマネジメント、マーケティングではなく、詩集、論理や哲学の勉強を勧めている。知識人が社会と政治に忠誠を尽くし、官僚が何よりも人徳を重んじるべきと期待される。必要とされるのは、エルンスト・フリードリッヒ・シューマッハー（E. F. Schumacher）の著書『スモール イズ ビューティフル』（Small is Beautiful: Economics as if People Mattered）で取り上げられた、「物質至上主義」（materialist heedlessness）と「伝統の固守」（traditional immobility）の「折衷方法」である。

中国の過去の経済発展は、欧米のように、世界各国の人々から搾取して彼らの自然資源を略奪するパターンと異なっている。欲深いグローバル化主義者の一員にならず、人文と知恵を大切にする持続可能な経済発展の道に戻って、中国ないし全世界に真の「中国の夢」を広げることが期待される。

中国人は儒教と道教の伝統思想の要素となる長期的な経済的正義と環境的正義を、中国の夢に取り入れなければならない。そして生態系と政治論理の伝統思想を活かし、真新しい世界観の基礎を築き、経済成長の評価基準及び消費活動指数の新しい選択肢を、提供すべきだと思われる。中国にはこのような思想体系を支える「美学」という哲学的な基礎がある。明と清の時代の中国人は、何世紀もかかって完成されるはずの農業灌漑計画を立てることに成功した。

ジョン・フェッファー（John Feffer）がその著書『The New Marx』で主張したように、中国の持続可能な農業発展の伝統理念を再研究することが、経済学と環境論を融合する総合的な概念を作り出し、二つの学科の発展方向を見直すことに繋がるかもしれない。問題は中国人が自分たちの持っている宝に気づくことができるかどうかだと思われる。中国の学術伝統が発展方向の見直しにおいて重要な役割を果たす。『治平篇』を書いた洪亮吉と『農政全書』を書いた徐光啓の経済、農業、生態の融合における努力が、環境要素を無視した経済理論に尽力したアダム・スミス、カール・マルクスまたはジョン・ケインズとは別の意味で、世界に認められるときがきっといつか訪れるだろう。

中国は世界を導く準備ができているかは問題ではない。むしろ既に舞台の上に立たされている。この三〇年のうち、アメリカ文化の激しい後退、及び知識人の驚くほどの無責任さが、アメリカに多くの問題をもたらしている。アメリカメディアがどのような釈明をしても、国際社会におけるアメリカの中心的な役割が、妨げられている事実は変わらない。

素晴らしい経済力、科学力、政治力及び奥深い文化を持つ中国こそ、国際舞台の真ん中に立つ唯一の国になるだろう。かつてアジアで一番強かった中国は、イギリス、フランス、スペインやドイツのような植民地主義の道を選ばなかった。そのため、中国は公平な「世界競技場」の築き上げに貢献できると期待される。しかし、これはあくまでも期待であり、確実なものではない。一番肝心なのは、十分な創造力と道徳力を身につけ、経済力と権力への追求を冷静に捉え、自分たちの伝統文化がどのように自国と世界を頼もしい方向へ導くかを、批判的に評価できるかということだろう。

法律遵守、世界平和及び世界の持続可能な発展への働きかけが、チャンスというだけではなく、責任でもあることに大半の中国人はまだ気づいていない。積極的に提案する国もあれば、重荷を背負わされる国もある。中国は明らかに重荷を背負わされるほうだ。だからこそ今、中国の決定が世界中に注目されている。

◆「一帯一路」をどう見るか？

グローバル経済発展の舞台における主役を任されたとき、アジアとヨーロッパ各国の一体化と協力関係を推進するため、中国は「一帯一路」という戦略を発表し、世界各国への加入を呼びかけている。しかし、今までは「一帯一路」の戦略は、インフラ建設と資源開発の領域に止まっている。このようなプロジェクトは、持続可能な未来の発展につながるケースもあるが、多くの場合、功を奏することができなかった。経済成長と投資拡大のため、これらのプロジェクトは中国の石油と天然ガス及びほかの原材料の供給に重点を置くようになっている。

アジアインフラ投資銀行（ＡＩＩＢ）、シルクロード基金（ＮＳＲＦ）、上海協力機構（ＳＣＯ）、シルクロード・ゴールド基金、鉱業産業発展基金は、環境保護とはほとんど関係ない。エネルギー消耗を国家実力の要素とみなすことは、決していい予兆ではない。レスター・Ｒ・ブラウン（Lester Brown）の著書『だれが中国を養うのか？　迫りくる食糧危機の時代』（Who will Feed China?）で述べられたように、中国の食糧と燃料の消費状況は世界に大きな影響を与えている。

しかし、この戦略はまだ始まったばかりだ。これに基づいて、中国は最終的に新しい組織、政策及び習慣を作り出し、世界を正しい方向へ導いていくことになるかもしれない。「一帯一路」はいまだかつてない絶好のチャンスになる。これをきっかけに、すでに欧米に忘れられた「国際連合憲章」の定めに基づいた、新しい国際社会を作ることが実現できそうに思われる。また、プライベート・エクイティ・ファンドや多国籍企業にコントロールされた世界銀行と違って、世界の高度一体化の動向に合わせたグローバル管理機構の成立が期待できる。

「一帯一路」戦略は中国の独裁ではなく、世界の協力を求めている。これは超大国にコントロールされない、新しい国際合意システムを生み出す珍しいチャンスになるだろう。しかし、ほかの国もこの戦略を儲けるチャンスではなく「人類のための構想」と受け止めないと実現できないだろう。

また、中国は「一帯一路」戦略で述べられた「新シルクロード」という言葉を深く吟味しなければならない。「シルクロード」というと、唐の時代の中国とアジア、ヨーロッパの国々を結ぶサマルカンド、アンディジャンのような、交易中心に代表された「オアシスの道」と、中国とインド、ペルシア、アフリカを結ぶ「海の道」が思い出される。そして、中国と中央アジア、インド、ペルシア間の深い文化交流も意味している。この文化交流は仏教思想の繁栄を促進し、敦煌の美しい壁画、長安の素晴らしい彫刻と磁器、及びその後の中国文学史の発展方向を確立した、李白と杜甫などの詩人を誕生させた。

新シルクロードは欧米の経済発展の道ではなく、自国の伝統文化に最大限着目し、新しい空港の建設のかわりに、例えば有機農業の推進に力を入れるかは注目を集めている。また、協力プロジェクトによって燃料、金属の採掘から、持続可能なエネルギーの開発に切り替わることが期待される。

私たちの経済発展計画は精神的なニーズを無視している。この欠点について、イギリスの社会改革主義者リチャード・ヘンリー・トーニー（R. H. Tawney）は、一番明らかな事実はいつも無視されるという見方を示している。

人間は誰にでも魂がある。経済計画が人間の尊厳と自由にもたらした傷または妨害は物的な豊かさで無くすことができない。この真理を無視しているからこそ、現在の経済秩序及びそれを見直す各種の対策は行き詰まっているのだ。人間の魂を軽視する工業は、いつかきっと人間の魂に怒りの火をつけ、経済発展の周期的な破壊ないし崩壊をもたらすに違いない。それを防ぐため、経済発展には経済的な価値のほかに、精神的な価値も求めなければならない。

この「新シルクロード」は一体、欧米経済発展の破壊の道を避けて、人類最高の追求である文化価値に目を向けることができるのだろうか。また、空港の大量新設や、石油燃料と金属の採掘のかわりに、持続可能な有機農業の発展、及びエネルギー開発の協力プロジェクトに力を入れることができるのだろうか。

少なくとも現在は、このような動向はほとんど見られない。しかし、中国は以前、激しい改革と変化の時期を迎えていた。多くの中国人が意識する、しかないに関わらず、中国の過去には世界的難題の回答が隠されている。その中国の過去は、苦難の道を歩んでいるこの世界に、最後のチャンスを与えているかもしれない。

その２――上海で中国ＳＦ映画「流浪地球」を見て感じたこと

◆中国はアメリカの代案になるか

今年の二月、上海を旅するあいだ、私の心の中ではずっと現代中国の矛盾が渦巻いていた。とにかく、中国は単純な国家ではなく、中国を観察するのはただ単に楽しいことばかりではない。今後の中国の動向が私たちの未来を左右することは確かであろう。

とりあえず、上海の街を眺めながら、アメリカ政府やアメリカ企業がいかにして腐敗や軍国主義に陥ったのか、また、大衆には現状を気づかせないようにいかにして大衆の関心や注意を分散させてきたかについて考えてみた。私は内心、中国が代案になってくれることを期待していたのだが、結局、得られたのは失望だけだった。

私は三〇年ものあいだ、仕事の一環として中国を注視し続けてきた。東洋学専攻の学者が集まると、中国はおそらく今後、三〇年以内に世界で重要な役割を担うことになるであろうという話は随分前から話題に上っていた。近年特に、アメリカのマスコミは著しく偏っているので、かわりのメディアを見出さなければならないことに気づいてからは、私はフェイスブックを頻繁に利用するようになった。

面白いことに、フェイスブックには中国の習近平主席のために作られたアカウントもあり、アメリカの外交政策について一層役に立つ記事に触れることもできる。習近平のアカウントには一部、政府が発表した資料も含まれているが、公共の広報サイトではない。このアカウントの担当グループは、アメリカやアジア問題を専門に扱う会員たちがメンバーの大半を占めており、相当たるメンバーが顔を揃える数少ないサイトの一つである。そこに掲示されている記事を見てみると、中国は貧困をなくして新再生エネルギーの利用増加に向けて取り組んでおり、また中国は欧米とは異なる文化を基盤とする力を生かした、国家モデルの模範であると世界中にアピールしている。しかし、私はこのような熱い意気込みが感じられる報告書を読んで、懐疑の念を抱かざるを得ない。中国は多くの強みを持っているが、中国も所詮、欧米と同じように環境には全く無関心で、消費文化や金銭的な基準で人間の価値を評価しているに過ぎない。

このアカウントは今まで中国がアフリカで行なってきた、発電所および工場建設支援の記事を載せており、また、どの国家よりも中国がアフリカで架橋建設を数多く行ってきたことも紹介している。その記事から垣間見れるのは、アメリカとの終わりなき戦争を回避しつつ、大規模な建設プロジェクトの推進によって豊かになった中国の姿である。しかし、気候変動によって生じる災難を防ごうと思えば、今ある高速道路や空港は閉鎖して、これ以上増やしてはならないのである。成長という危険なイデオロギーが、中国をどれだけ汚染してきたかをわれわれはよく知っている。今の中国では経済を、消費や生産という側面からしか考えておらず、環境に及ぼす影響についてはまるっきり無視している。

中国が成長・消費経済を世界中に拡散しながら、シルクロードに沿って建設した石炭発電所や空港に今後も資金供給をし続ければ、真っ暗な未来が待ち受けているのは間違いないであろう。アメリカに比べて中国の方が、より積極的に太陽光発電や風力発電に取り組んでいることは、少しも慰めにはならない。

◆上海の変貌と映画「流浪地球」

上海の飲食店はとてもおしゃれで、ソウルや東京にも引けをとらないくらい清潔だった。料理はおいしくて、サービスも文句のつけようがなかった。しかし、残飯の問題はとても深刻で、以前のようにウエートレスと気軽に会話を交わせる雰囲気はなくなってしまっていた。

上海滞在中、大勢の人が目にする広告で、環境問題を提起するものは皆無であった。また気候変動について問題を提起しているものも、一切目にすることができなかった。中国の若い世代は環境に及ぼす影響のことは全く眼中になく、プラスチック容器を平気でポイ捨てしていた。

上海では欧米式の高層ビルが急増した。そのビル内にある巨大な施設は、大量のエネルギーを浪費している。また、それによって高層ビル内で働く人たちと近隣の地域社会との間には、大きな溝ができている。人間味溢れた上海の小規模な商店や店は、大型建設プロジェクトで追いやられ、立ち退きを余儀なくされていた。庶民の要望には関係なく、そこにはスターバックスやファッション関連の店舗や、味気のない飲食店だけが増え続けている。街の片隅に張られていたポスターには、「幸せになるためには大きな家と高級車が必需品だ」と書かれていた。

上海を初めて訪れた一九九〇年に、私は小汚い食堂やみすぼらしい学生寮で、中国古典文学科の教授や学生と交流をした。当時は光熱費がとても高いこともあり、それらの場所はとても暗かった。しかしそこで出会った学生たちはみな本を読むことに多くの時間を費やし、高い問題意識を持っている印象を受けた。

今回の上海滞在中に、ＳＦ小説で知られる劉慈欣（リュシシン）原作の小説を郭帆（グオファン）監督が映画化した「流浪地球（さまよえる地球）」を見る機会があった。『エコノミスト』（二〇一九年二月一六日号）には、「流浪地球」の映画批評とそれに対する中国国民の反応についての記事が掲載されていて読んでみた。「習近平の思いが世界を救う」という見出しの記事だったが、『エコノミスト』がこの映画を馬鹿にしていることは、記事の冒頭で「大災難が迫っている。人類の唯一の希望は中国人だけだ」（The apocalypse looms. There is only one hope for the human race: China）という文章を見れば、すぐにわかる。この記事のレビューを巡っては、中国内で大炎上騒ぎが起こった。「世界を救うのはやはり欧米が独占している」というユーモラスなブログの掲示物（出所不明）があるのを教えてくれた人もいた。そこには「ハリウッド映画では毎回スーパーヒーローたちが地球を危機から救ってきた。しかし、史上初めて中国人ヒーローが地球を救うと、『エコノミスト』は理性を失い、こんなストーリーは理不尽だと片付けてしまう。これを読んだ私は素直に笑えなかった。たしかに、『エコノミスト』の「流浪地球」の批評は、一種の過剰反応としか言えなかった。軍を美化したり、拷問を正当化したり、野蛮性や欲望を助長するハリウッドの人気を集めた映画の制作数を考えてみれば、他の対案を探すしかないと思うのは当然であろう。

映画の内容はこうだ。とある三世代の家族と全人類が、破滅に向う地球を救うために力を合わせて危機から脱出するというストーリーである。ストーリーを簡単に説明すると、太陽が衰退し膨張して太陽系をのみ込む危機に、人類も生存の危機にさらされる。そのため、何百年ものあいだ、地下都市で暮らしながら生き延びる手段を探っていたのだが、ついに科学者たちは地球の表面にいくつものロケットスラスターを建設し、推進エンジンに搭乗して生き残りをはかる。結果、地球人は太陽系から抜け出して宇宙空間に新天地を求めるというのである。途中、地球が木星の近くを通りかかる際に、重力場にはまってしまい、地球の大気の一部が木星を覆っているスモッグに吸い込まれてしまう。しかし、若者中心の研究チームが木星の大気に爆発を起こし、地球を木星から遠ざけさせることで再び宇宙空間に向わせる計画を思いつき、危機を乗り越えるシーンも出てくる。

この映画にはいくつか大きな特徴がある。この映画のストーリーには一切戦争や殺人はもり込まれていない。誰かによって殺される者も一切登場しない。そういった点からすると、この映画は今までハリウッドで制作されてきたアクション映画よりも一枚上だと言える。またコンテンツや演技力不足を補うための道具として利用されてきたあからさまな商業的シーンも登場しない。

映画では、問題の原因を招くことになった人とのつながりや、家族の大切さ等の人間関係に焦点を当てている。にもかかわらず、監督は障壁を除去するために銃器を使用するという（アメリカの映画ならば、必ず誰かが銃を持って人を殺すが、この場合は戦争など全くないし、セックスはないし、暴力もないが、何かアメリカらしさを出すため、銃で閉まっている門を壊してしまう場面がある）。いくつかのシーンを含めざるを得なかった。

この映画は、成功には合理的な計画と、思慮深い対話が必須要素であり、グローバルガバナンスには積極的な参加が相互の利益になり得ることを仮定している。多くのハリウッドのSF映画やアメリカの外交政策の多くの場面で見られる、非合理的で反科学的なテーマとは対照的である。その分、映画全体でエコやオーガニック的な要素が見られなかったのはとても残念であった。

建物内の空間はコンクリートやガラスで張り巡らされており、地球の表面はすっかり乾きあがって完全に荒廃していた。植物の栽培や環境保護について触れず、災難状況から生き残るためには、節約が絶対に必須だということにも全く触れていなかった。人類滅亡を回避するために巨大な推進エンジンが使用されていたのだが、技術を利用すれば生態の危機から免れることを仮定したり、推進エンジンから排出される大量の炭素ガスは問題にならないということを前提にしている。要するに、中国が積極的に推し進めている宇宙開発が気候変動への対応にともかく重要な役割を果たすであろうというのだ。

ＳＦ映画について語る場合は、地球をどう太陽系の外に進出させるかは問題ではない。しかし、基本的なテーマでこの映画で描かれている大災難は、人類がもたらした気候変動であり、それは、実際私たちが直面している現実なのである。フィクションではない。今、私たちに必要なのは、人類がどのようにして文明を改造して、気候変動を生き残れるのかを見せてくれる映画である。気候変動の最中でも生き残れるよう地球人に文化の再創造法を示す映画なのである。この映画ではそういったモデルが提示されておらず、その上、気候変動の本質には全く迫っていない。

今回上海を訪問し、また「流浪地球」を見て私が最も気になるのは、その内面に潜む反知性主義的傾向である。上海は魅力的な場所ではあるが、ホテルは勿論、どの場所でも新聞を目にすることはなく、上海滞在中に、深刻な問題について話をしようとする人には全く出会わなかった。

私は中国の未来に、多くの選択があるとは思っていない。いかなる面においても、これから中国の影響力はますます増大するであろう。しかし、今後の中国の文化は完璧に変わることも可能であり、これは中国の若い世代にかかっている。中国の若い世代が消費至上主義、軽薄、不正等の危険な文化から抜け出し、真の代案が提示できることを願っている。

第十章　日本に向き合う

その１ ― 福島原発事故への世紀にわたる対応

◆未曾有の世界的取り組みを

大地震と大津波によって引き起こされた、日本の原子力発電所事故から八年が過ぎた現在も、福島の原子力災害はアジア太平洋地域において最も深刻な健康への脅威、および、世界でも類を見ない放射能汚染となっている。福島第一原発から地下へと漏れ続ける汚染水は、太平洋全体を汚染する恐れがあり、その対処には未曾有の世界的な取り組みを必要とする。

事故当初においては、環境へ放出された放射性物質はセシウム一三七と一三四、そして比較的少量のヨウ素一三一を含んでいたことが明らかになっているが、長期的な健康被害は、主に人体に容易に吸収されるセシウム一三七によって引き起こされると考えられている。セシウム一三七の半減期は三〇年と言われており、数十年に及び健康を脅かすことになる。最近の調査によると、福島第一原子力発電所から漏れた汚染水に含まれるストロンチウム90の量が増大していると指摘されている（ストロンチウム90はセシウムよりもはるかに危険である）。ストロンチウム90は体内でカルシウムを代替する機能があるため、人間の骨に容易に吸収される。

　福島原発事故の解決は、一九六〇年代に人間が月に着陸するのと同程度の問題であると言える。この技術的に複雑な問題は、慎重な対応と膨大な資源を長期にわたり集約する必要がある。しかし、この状況は潜在的に数百万人の健康を危険にさらす可能性があるため、国際的に取り組まなくてはならない課題だ。長期的な解決には政府と企業による、核拡散やテロ、経済、犯罪に対するのと同等かそれ以上の対応が求められる。

　福島原発事故を解決するためには、今後一〇〇年間実行される計画を考案するための有能な人材の協力が必要になる。世界中の様々な分野の専門家（技術工学、生物学、人口学、農学、哲学、歴史、美術、都市設計、など）の見識とアイディアを参考にする必要がある。地域の再生、住民の避難、放射能漏れの制御、汚染水・汚染土の安全な処理及び管理を模索するため、それらの専門家たちは複数の次元で協力する必要がある。また、四〇年後の技術を必要とするかもしれない問題ではあるが、事故のあった原子炉を完全に廃炉にさせる方法も見つけ出さなくてはいけない。そのためには四〇年ごとの長期にわたる周期的な研究報告を取り入れるなど、対策体制の抜本的な見直しも必要だろう。

　そのような計画には、高濃度汚染の中でも機能するロボットなどの、前例のない技術の発展が必要となる。このプロジェクトは、ロボット工学の研究者たちの発想力を豊かにし、また軍事技術の民間への転用を結果としてもたらすだろう。ロボット工学の発展により、原子炉作業員の危険を防ぐことができるだろう。

◆グローバルネットワークがカギを握る

福島原発事故は全人類の危機であると同時に、前例のない協力のためのグローバルなネットワークを構築する機会にもなり得る。まず、高度なコンピューターテクノロジーの知識を持つ団体やグループが、この現在進行中の膨大な放射能汚染の問題を細かく分析し、次に、専門家たちが具体的な提案や対策を立てることができるだろう。その過程は「気候変動に関する政府間パネル」（地球温暖化についての科学的な研究の収集、整理のための政府間機構。地球温暖化に関する最新の知見の評価を行い、対策の実現性やその効果、それが無い場合の被害想定結果などに関する科学的知見の評価を提供している）の先例を参考にすることができるが、それをさらに推し進めなければならない。マイケル・ニールセン（Michael Nielsen）は自身の著書『オープンサイエンス革命』（邦題）の中で、ネットワーク科学の理念について、過去にないような規模で応用が可能な方法であると叙述している。

福島原発事故の対応における努力がもたらす突破口は、他の長期的な問題である、メキシコ湾のＢＰ社の石油掘削施設、ディープウォーターホライズン原油流出事故や地球温暖化問題の解決にも応用できるだろう。福島原発事故における共同研究は、例えるならヒトゲノムの周期よりも、もしくは大型ハドロン衝突型加速器のメンテナンスよりも、さらに大規模に行われなくてはならない。

この危機によって外交という分野が全面的に新しく構築できるかもしれない。残念ながら、福島原発事故の被害を過小報告し、実際に出ている被害を隠蔽する日本政府と、更なる原発ビジネス（原発でプルトニウムを作り、高速増殖炉でプルトニウムを精製する作業を日本に押し付けることでアメリカは利益を得ている）を推進するために、自国は脱原発を目指しながら日本の原発の再稼働を進めるアメリカのやり方は、福島の事故を収束させる意気込みを感じさせるものではない。しかしながら、両国が負のビジネスから足を洗い、原発事故の真実を明るみにしていくことで、技術的な解決策の意見交換や実践を、可能にすることができるはずである。

外交は、今のように国家がそれぞれの主張をオブラートに包むような曖昧な政府間の交渉から、同様の問題意識と異なった能力を持つ各国市民を巻き込んだ真剣な国際問題の討論の場へと変わりうる。外交が福島の経験を通じて成熟すれば、世界の数一〇万の人々を結集して共通の脅威への対応に向かわせる新しい戦略を立てることができる。ネットワーク科学を手がかりに、外交が、貧困、再生可能エネルギー、水源、汚染対策など、重要な問題に関する真摯かつ長期的な国際的共同の場となるであろう。

同様に、この危機によりソーシャルネットワーキングが、本来の機能を取り戻すきっかけになるかもしれない。つまり、共通の問題のために専門知識を持ち合うことを促進するだろう。ソーシャルメディアはカフェラテや太った猫の写真を友人に見せびらかすためではなく、情報の信憑性を評価し、専門家が議論し、共通の認識を培い、市民社会に直接行政に関わることを可能とさせることにも利用できるだろう。

労働者の横の繋がりを促進しているピアツーピア財団（P2P Foundation、Ｐ２Ｐと略）が提唱する、ソーシャルメディアの基盤への適切なピアレビュー（同じ専門領域を持つ仲間同士で、業績評価を行うこと）の導入によって、ソーシャルメディアは福島原発の問題の解決と対処に、中心的な役割を果たすことができる。Ｐ２Ｐ活動の中心的存在である、マイケル・ボーウェンズ（Michel Bauwens）は「ピア（仲間）

たちは世界中ですでに知識を共有している。コンピューター、車、重機械の製造でさえその特徴は見られる」と指摘している。

ここに私たちは、福島原発事故の難題に対する答えを見つけられるかもしれない、つまりそれは、まず問題自体を世界の市民に開くことである。

◆ピアーツーピアサイエンス

福島原発事故の問題を専門家と数百万、数億の市民を巻き込んだ世界的な取り組みにすることができるかどうかだ。もし、問題意識を持った市民がオンラインでデータを閲覧でき、意見を交換し、政策を提案できるようになったとしたら、意思決定の過程においてそれは新たな透明性をもたらし、多くの人々による審議を可能とし、有益な知見を大いにもたらすだろう。

放射能漏れと原子炉の状態に関する詳細な情報が、訓練を受けた放射線技術者を納得させるほど一般に公開されていない。その公開は必須である。問題解決に取り組む数百万の意識の高い市民の合意となれば、現在見られる少数による秘密の意思決定とは異なる強力な代替となるだろう。福島原発事故解決への協力体制こそ、国境、企業の所有権、知的財産権など懸念によって知的協働が阻まれている現状を乗り越えて未来に進むために、必要ではないか。

宇宙の星を分類するプロジェクト「ギャラクシー・ズー」は二〇〇七年に始まり、専門知識・技術を持たない市民による科学研究、すなわち市民科学を用いたプロジェクトとなった。「ギャラクシー・ズー」は、関心のある人は誰でもオンラインで遼遠の銀河にある星を分類し、データベースにその情報を入力することができる。その作業のあらゆる部分が、私たちの宇宙に関する知識を拡げるための膨大な取り組みに関わっており、科学データを分析するのに必ずしも博士号は必要ないと示し、おおいに成功を収めている。福島原発事故の場合、もし一般の人が毎日人工衛星の写真を観察したとしたら、放射性の煙の異常な動きを見極める作業を学者よりも正確に行うようになるだろう。福島原発事故については分析すべき情報が膨大にあり、現在、その大半は事実上手つかずのまま放置されている。

福島原発事故に対する有効な対応には全体と部分両方の観点からの取り組みが必要だろう。そのためにはまず、慎重にかつ高いレベルでどの問題から処理するのかという順番を決める必要がある。それをうけ、高度なコンピューターの知識や学際的な知見を持ち合わせた協働グループをつくり、効率よく問題へと対応できるだろう。

福島原発事故への対応は、高収入の専門家を集めてくるだけでなく、一般人を求め教育の役目も担う。専門家が実現できもしない高尚なアイディアを持ち寄っても仕方がない。アイディアは国民が深い理解をした上で初めて実現されるのであって、大規模のネットワークで結びついたサイエンスの取り組みは社会のあらゆる階層を巻き込んで行われなくてはならない。専門家だけによる対話は無意味であり、さらに長期的な解決には倫理的、文化的な面に相当な注意を払わないといけない。

もし、従来の機関（ＮＧＯ、政府、企業、金融組織など）が人類が直面する前例のない危機に対処できないとなったときには、われわれ自身が、社会的ネットワークをつくり、それを土台に、革新的なアイディアをつくり出すのみならず、その解決策の実施をも行う必要がある。その過程において、様々な機関に圧力をかけることはもちろんやらなくてはいけないし、国際市民社会の必要に応じた科学と技術を迅速に駆使するための真のイノベーションの利用が要求される。それを始めるにはインターネット以上の場所は存在しないし、福島原発事故の長期における対応は、そのために最も適した課題だと言える。

その2――これからの日韓関係に対する私の夢

◆「慰安婦」問題について考える

「慰安婦」問題の日韓政府合意のニュースを聞いたとき、私は半信半疑だった。「慰安婦」問題は、人々の感情を逆撫でし、一〇年以上も日韓関係の障害になってきた。それが、二人の外交官が密室で交わしたやりとりによって、そう簡単に解決できる訳がない。帝国主義の悲痛の記憶と、植民地時代の問題に対する軽視は、いまだわれわれの傍に残っている。同じ過ちを、知らぬあいだに再び犯してしまわぬように、こうした問題を決して忘れず、自らの戒めとしなくてはならない。

これから歩む道を、両国で合意して築くためには、対話の場に多くの人々が参加するしかない。日本と韓国の専門家、一般国民が会って、こうした問題、そして現代との関連を話し合う機会が、われわれには必要である。こうした国民のコンセンサス抜きには、政府高官によって交わされた合意は、本来の意図がどうであれ、ごまかしだと解釈されてしまうだろう。私には、金大中《キムテジュン》政権時代に日韓の文化交流が増えたことが、今でも印象に残っている。当時、イリノイ大学で日本文学の教授だった私は、両国がより客観的な視点で歴史問題の解決に着手し、お互いが共に協力し合える時期がいよいよ来たのだろうと、心を励まされた。

しかし、（経済や貿易に対し）人的交流による日本と韓国の協力の可能性は、失敗に終わった。重要な問題について日本人と韓国人が意見を交換できる機会も減ってしまった。自由貿易交渉、領土問題について高級官僚らの会議があったが、市民同士が親交を深め、何かの目的に向かって一緒に力を合わせる機会は減った。日韓関係は、私にとってとても大切である。私は、両国の文学と文化の研究にキャリアを捧げてきたため、どちらの国もふるさとと同然である。

私は、一九世紀の文人、田能村竹田《たのむらちくでん》の漢詩について日本語で修士論文を書いて、東京大学で修士号を得た。その後、荻生徂徠の思想を研究し、彼の著書『訳文筌蹄《てんせい》』を初めて英訳した。一〇年間アメリカで日本文学の教授を務め、日本の古典文学を研究しながら学部生と院生に日本文学を紹介した。親しい日本人の友達も多く、院生時代を過ごした東京の駒場、要町、本郷、神保町の面影は今でも鮮明に覚えている。

韓国も私にとって非常に大切だ。私は、韓国の古典小説を研究し、儒学者の丁若鏞《チョンヤギョン》と朴趾源《パクチウォン》の書物を翻訳し、アジア・インスティチュートの研究プロジェクトで数多くの韓国人研究者と仕事をした。日本語ほど韓国語は上手ではないが、韓国の女性と結婚して、家族とともに韓国に住んで一三年になる。

私は、日本と韓国の学者にインスピレーションをうけ、キャリアを築いてきた。また、日本と韓国の文豪の名著は、私の人生を豊かにしてくれた。日本と韓国は、私の両親であり、親しい友人なのである。

私が歴史について考えるとき、家族の歴史を抜きに考えることはできない。私の場合はアジアではなく、ヨーロッパでの過去の悲劇に立脚している。父方の家族はハンガリーに住むユダヤ人であった。私の曽祖父はブダペストのはずれの Büd St. Mihy という小さな村の出身であった。父は現代の地図でその村を探そうとしたが、見つけることができなかった。

ワシントンDCのホロコースト記念館を訪問したときにはじめて、父はその村がドイツ人によって完全に抹殺され、すべてのユダヤ人の村人たちが死の収容所に送られたことを知ったのである。生き残った人もいるかもしれないが、私はヨーロッパにいる父方の親戚を知らない。ドイツによる死のキャンペーンがもたらした破壊によって、ヨーロッパとのあらゆる関係が断ち切られてしまったのである。

対照的に、私の母はルクセンブルクでカトリックの家庭の第六子として育った。彼女の家族はナチスが台頭した際に二つに引き裂かれた。彼女の父、すなわち私の祖父は、ナチスに強く反対していて、ナチスによる占領後もナチスが最終的に敗北するまで反対を貫いた。それでもやはりナチス党にいた友人は多かったし、自身をきっぱり社会から切り離すことはなかった。

一方で祖父の弟は早くから熱心なナチスの支持者であった。親戚の多くはヒトラー・ユーゲントという青年団体の活動に積極的であり、何人かはドイツ軍に入ってロシアに行った。このような家庭背景により、私は子どもの頃から二つの想像をしてきた。ドイツ人に狩られるユダヤ人の心情はどうだったのだろうか。大規模な凶悪犯罪に手を染める国家に、とらわれる心情はどうだったのだろうか。

私はどんな判断を下すときも、本能的に二度考えるようになった。私の母国、アメリカ合衆国がこの一五年間、法的裏付けあるいは正当性もなしに、多くの外国の戦争に関わってきたのを見ていて、私は他人を批判することに、とても躊躇するようになり、また、不条理な体制にあって生き残ろうとする者に対して、より同情的になっていった。

究極的に、日本人がしたことは、邪悪な民族あるいは邪悪な文化のもたらした結果というよりはむしろ、帝国主義体制の産物であり、拡張のため、海外市場を手中に収めるためにおこなった政策の結果であったことを認識することが重要である。日本の犯罪行為もまた、人類の中にある偽善と矛盾の産物であった。われわれの誰もがみな、恐ろしい残虐行為をおこないうる存在であり、そのような残虐性がわれわれの中にある、ということに気づき得なければ、「慰安婦」の教訓を真に学んだということにはならない。

「慰安婦」問題について思いをめぐらしていると、ふとマーティン・ルーサー・キング牧師が一九六三年八月二八日におこなった有名な演説「私には夢がある（I Have a Dream）」が頭をよぎった。キング牧師がリンカーン記念館の階段で人種差別のないアメリカを思い描き、二万人の聴衆がその演説を聞いて深い感銘を受けた。

その中に「私には夢がある。いつの日か、この国が立ち上がり、『すべての人間は生まれながらにして平等であることを、自明の真理と信じる』（訳注・アメリカ独立宣言）というこの国の信条を真の意味で実現させるという夢が」という言葉があった。

私はそのすばらしい演説に感銘を受けて、次の短い文章を書いた。

◆私には夢がある

一

私には夢がある。それは、いつの日か、韓国人と日本人がひとつになって、中国、アメリカと一緒に、人類を脅かしている真の敵に向かって力を合わせるという夢である。敵とは、隣国ではなく、全世界を脅かしている環境危機、つまり気候変動である。その解決のため、全面的に協力するという夢である。

二

私には夢がある。それは、いつの日か、韓国の歴史家が、日本の帝国主義に勇気をもって立ち向かい、犠牲になった日本の幸徳秋水のような学者たち、小林多喜二のような作家たち、そして政治家、市民に敬意を表し、韓国の歴史博物館でも彼らを記念するという夢である。

三

私には夢がある。それは、いつの日か、韓国人が日本の誤った政策を批判するとき、平和主義を主張した笹本潤先生（弁護士）の名前を思い浮かべ、引用するという夢である。そして日本人が科学技術政策を考えるときに、韓国の世宗大王の知恵に学び、古代韓国の優秀な行政の事例を参考にするという夢である。いつの日か、日本と韓国の過去二千年の王朝の行政システムを理解する両国の歴史学者たちとともに、日本と韓国が合同の連続講座をおこなうという夢である。そして専門家たちが、両国の政府官僚と会って、過去の制度で実践されていた良策が、どう未来の行政に活用できるかを議論するという夢である。

四

私には夢がある。それは、いつの日か、日本と韓国が、いにしえの時代にそうだったように、平和に包まれ、一続きの村々となってつながるという夢である。村と村のあいだに人々が行き来し、お互いに尊敬し合いながら、ときには結婚しに行ったり来たりするという夢である。

五

私には夢がある。それは、いつの日か、日本と韓国がともに世界中の人身売買と性的搾取に対して、より厳格な法律を制定するという夢である。女性に対する犯罪をなくす努力をするように、世界の他の国々を促す、高い基準の新たなアカウンタビリティ（説明責任）を設定するという夢である。過去の「慰安婦」が、味わった苦しみの分、補償され、彼女たちは日本と韓国政府の両方が、今日の女性のためにこの悪夢を終わらせることに尽力していることを知るという夢である。

六

私には夢がある。それは、いつの日か、日本のすべての小学校が、韓国に姉妹校を持ち、日韓の小学生がインターネットを通じて日常的に一緒にプロジェクトに取り組むという夢である。両国の学生、両国のコミュニティが、お互いに近所のこと、家族のこと、希望、そして夢を話し合える未来を想像しよう。子どもの頃から相互利益のための共同プロジェクトを通じて、個人的な友情を長年にわたって育み、日韓関係の新時代の基盤を築き上げていくという夢である。

Ⅲ

#「統一」に向かう朝鮮半島と「崩壊」に向かうアメリカ

第十一章　「統一」に向かう朝鮮半島

その1――板門店南北首脳会議の衝撃から

◆アメリカに言及せず

板門店で文在寅大統領と金正恩《キムジョンウン》委員長との南北首脳会議が開催された二〇一八年四月二七日、私は光栄なことに韓国の英語放送であるアリランTVの特別番組に、解説者として招かれた。これまで三回の南北首脳会談を開いているが、一回目の衝撃から記そう（六月二〇日の三回目の会談は本書でふれない――編者）。

その番組の中で一番印象的であったのは、二人の首脳が南北間の敵対関係に終止符を打ち、今後の協力のルートやビジョンを提示した「板門店宣言」の概要を説明した瞬間であった。私にコメントを求めたアリランTV（ソウルにある海外向けの英語放送）のアナウンサーが、その演説に感動しているのは明らかであった。彼女が私に英語で質問するまでには、多少の時間がかかった。彼女は感極まって言葉に詰まっていたのであろう。

正直に言って、四月二七日に開かれた首脳会談で、南北の指導者たちが互いを思いやる態度を見せたことには少なからず感動した。分断国家双方の指導者たちが一堂に会し、ぎこちない姿は全く見せず、とても仲良く会話を交わす姿には感動を覚えた。その瞬間、どの韓国人も、長年の肩の荷が下りた思いであったろう。

過去、金大中元大統領や盧武鉉元大統領が推進してきた太陽政策よりも、その日の出来事だけで南北友好関係が固く構築されたような気がした。いかなる問題が目の前に立ちふさがっていようとも、政策的に相手を悪魔呼ばわりした冷戦時代には、決して戻らないだろうという確信が得られた。もちろんアメリカには未だにそんな行動をとる人間が多くいるが、しかし、彼らは笑いものになりつつある。

韓国市民から見た金正恩のイメージは、以前はクレイジー、独裁者、残虐な人権弾圧者、非人道的、犯罪王国の指導者だったのだが、今回の南北首脳会談を契機にして、平凡な人間へと変わっていった。北朝鮮住民がどんな思いをしていようが、そんなこととは関係なく、韓国住民にとって金正恩は突然に自分たちと同じような普通の人間になってしまった。それ以降、光化門広場で開かれる老人たちの集会を除いては、どんな場所でも北朝鮮を悪魔呼ばわりする表現は使われなくなった。

一昔前の韓国では子どもたちは学校で反共・反北の注入教育を受け、大人たちもそれを奨励してきたのだが、そのことを考えると、南北両国の指導者たちがとりわけ厳しい条件もなく一堂に会したというのは本当に画期的なことだったと言える。

共同宣言の内容も印象的であった。そこには南北関係のさらなる改善を図るとともに、一切の敵対行為を全面的に中止することが盛り込まれていた。朝鮮半島の平和と繁栄に向けたその宣言文の内容には、トランプ政権やアメリカ政府の立場は、全体的に反映されていないことがはっきりと見受けられた。おそらく、韓国政府がアメリカの提案を断ったか、宣言の内容をトランプ政権には事前に知らせなかった可能性がとても高い。

共同宣言の本文は、独創的で将来に希望が持てるものであった。もちろん、共同宣言は韓国語／朝鮮語で作成された。草案作成者はアメリカ、日本、中国の聞きたがっていることを、宣言の中に入れるつもりがなかったのであろう。実際、アメリカについては全く言及していなかったのだが、私はこれが一番良かったと思っている。しかし、少なくともトランプ政権を喜ばせるためには、アメリカとの関係についてある程度は言及して欲しかったと思う人たちは多くいたであろう。

◆韓国のことをコメントする私自身に向けた問い

開催前には、とても盛り上がりを見せていた南北首脳会談ではあったが、個人的にはあまり納得のいかない点もあった。それ以上の結果に期待していたのだが、結果的には道徳的、知的な面で期待はずれであった（知的な面は次項その２「韓国・北朝鮮の接近とそれに伴うアメリカの役割」で論究）。

とにかく、私はアジアに拠点を置くアメリカ人専門家であり、東アジアではアメリカが重要な役割を果たせるだろうと期待していた。客観的な観察者として、私が日本学研究教授として、最初の赴任校アメリカ・イリノイ大学で教壇にたったのが一九九八年。さらに東アジアの外交や環境問題に関するコラムを韓国で書き出して一三年を経過するが、その間、立て続いたブッシュ、オバマ、トランプ政権下での軍国主義のため、祖国であるアメリカにはとても幻滅したのは言うまでもない。アメリカがこの地域でポジティブな役割を果たしてきたのかについて、真剣に疑問を抱くようになった。そんな疑問は過去六〇年間、全世界で行なわれてきた不法・破壊的な行為を、証明する機密資料が公開されるにつれてさらに強くなった。

南北首脳会談の開催を目にしても、心の中では「韓国のことについてコメントする私は一体何者なのか?」、「私も知らず知らずのうちに、南北の長年にわたる分断状態に関与しているのではないのか?」という疑問にずっと駆られていた。一五年前なら、そんな疑問は決して抱かなかったはずである。

したがって、南北首脳会談について論じることは、客観的な分析をするというものではなかった。ある程度のことにはイエール大、東京大、ハーバード大での、アジア学研究で得た成果としての私の意見に私自身が同意するのだが、今や私はそれだけでは物足りなくなった。つまり、すぐさま対応を示せねばならない現実質的な難題に直面しているのである。

◆南北首脳会談で不足していたもの

板門店での南北首脳会談では、アメリカの関与が大幅に減ったことと、それと、見せかけのように感じられるものがいくつかあった。話し合われた問題については満足しているが、抜け落ちている問題も多くてとてもがっかりした。

私は一瞬、まるでタイムスリップしているような錯覚にとらわれた。金大中元大統領と金正日《キムジョンイル》総書記との南北首脳会談が開かれた二〇〇〇年にタイムスリップして、文在寅大統領と金正恩委員長がその当時果たせなかったことを成就させようとしているかのように思えた。しかしながら、今はその当時とは全く状況が変わってしまった。技術の急発展、貧富格差の増加、気候変動の脅威など、朝鮮半島の未来に関わる問題として、議論の中心にしなければならない深刻な脅威に直面しているのである。

しかし、板門店宣言の内容は信頼の構築、経済交流、南北共同連絡事務所の開設、敵対行為を全面中止することに留まった。もちろん、南北首脳の真剣に取り組もうとする姿勢や、きちんと文書に残したことは評価できる。しかし、取り組みやすい問題だけでなく、実質問題にも焦点を合わせる必要がある。

まず言えることは、板門店での首脳会談は前提条件が間違っていた。この地域の平和のためには北朝鮮が核放棄することを前提に話が進められた。アメリカを含めた非核化への取り組みは滑稽な話になってしまい、リベラルのマスコミでさえも言及しなかった。核戦争の脅威は北朝鮮相手ではなく、アメリカとロシア、または、アメリカと中国との問題であって、アメリカが非核化に取り組まなければ、真の問題解決にはならないのである。

一九九四年に米朝枠組み合意を結んだ当時のアメリカは、国際法をほぼ遵守しており、さまざまな武器統制条約武器貿易条約（ＡＴＴ）、一九九五年の残忍兵器禁止条約などにも従っていた。当初、北朝鮮はアメリカの主張に難色を示し、国際法に従わないかのように思われたが、決裂するまではその主なものは履行されていた。

現在のトランプ政権は武器貿易条約（ＡＴＴ）をほぼ無視しており、しかも先制攻撃を仕掛けて、ロシアや中国のミサイルを撃破すると積極的に戦争をほのめかしている。アメリカは露骨に核拡散防止条約（ＮＰＴ）に違反して、核兵器廃絶に努めるのではなく、むしろ核拡散を推進している。そして、アメリカは海外での数多くの不法な戦争に関与しており、他の国々への内政干渉もし続けてきた。また、核拡散防止条約の体制外で核兵器を保有しようとする、イスラエルやインドには許容する態度を見せてきた。

南北の指導者たちが、東北アジアの安保脅威である中国、日本、韓国、ロシア、アメリカ間で繰り広げられている熾烈な軍備競争問題を、どう解決すべきかについても、議論することもできないのが現状である。東北アジア地域の各国が推し進める軍備競争の強化で、核戦争を含む戦争への脅威が急激に高まっており、また北朝鮮、中国、ロシアに対するアメリカの露骨的な軍事脅威は、さらなる葛藤を招く恐れがある。こういった危険な状況をまずは解決して、包括的な解決策を提示しなければならない。

また、板門店での南北首脳会談では、朝鮮半島の気候変動によって発生し得る致命的な災難についても、言及されなかった。南北両国は今後、五年間で炭素排出量を大きく減らす対策を即時に実行して、朝鮮半島を荒廃化する恐れのある海水面上昇や、急激に進む砂漠化問題に備えることも、不可欠なのである。数兆ドル規模の予算がかかるであろうが、二つのプロジェクトはどちらとも後回しすることはできない。

しかし、韓国で対北交流を主導しているのはＮＧＯではなく、北朝鮮に大量に埋蔵する石炭に目をつけて、低コストでの石炭発電所の建設を狙っているアメリカの企業である。これらの企業は気候科学者たちの警告を完全に無視している。

韓国・北朝鮮はもちろん、全世界で極少数の大富豪たちによる富の独占が、ますます進んでいる現象は非常に深刻な問題である。この問題は板門店での南北首脳会談では全く取り扱われず、文在寅大統領も国政で真剣に取り組んでいない。この地域で増加傾向にある経済的不況などは、北朝鮮の核兵器保有問題よりもさらに危険な脅威になりつつある。

板門店首脳会談は、南北の首脳が顔を合わせたということ自体では評価できるが、共同宣言は確信の持てないバランスがとれていないものだったと言える。今回の会談は歴史的なターニングポイントになり得ることは考えられるが、一方ではトランプ政権が中国との戦争準備を隠蔽するために、韓国や世界の人々の関心をそらすために利用したとも考えられる。私がたしかに言えることは、韓国の人々がトランプのことは何でも信頼できると思っていることに、衝撃を受けたということである。

その2――韓国・北朝鮮の接近とアメリカの役割

◆トランプは信頼できるのか？

北朝鮮情報の唯一のルートである、日本と韓国のマスコミが報道する、北朝鮮と未来を約束するための協議を見守ることは、とても忍耐が必要な過程である。両国の進歩的なメディアは、トランプ大統領やマイク・ポンペオ国務長官は、平壌当局との関係正常化にかなり本気で真面目に取り組んでいる政治家で、北朝鮮の非核化や北朝鮮の国際社会への参加に関心を持っていると紹介している。

しかし、アメリカやヨーロッパにいる私の友人たちはトランプのことは全くそのようには思っていない。化石燃料やプライベート・バンキングなど、破壊的な事業で金儲けをするごく少数の億万長者たちを代表しているトランプ政権は、アメリカ建国以来最も腐敗した政府に堕落してしまった。トランプ政権が使っている統治手段は、全体主義政府としてごく少数の億万長者たちの富の統制を強固にしつつ、まずはイランを優先にして、その次にはロシアや中国との大規模な戦争、要するに、世界大戦を準備していることを見せつけるために国内統制を強化しつつ、軍事装備、武器販売、全世界の鉱物資源を占領して富を創出する仕組みになっている。

トランプは全ての国家権限を無力化させて、公共機関の民営化（例えば、学校教育が民営化されて企業に任されたり、軍隊派遣で兵士が国軍ではなく民間会社が高級額で募り戦地に送っている）や減税によって多国籍企業の富の創出を許容して、さらには終わりなき戦争、富裕層への減税、刑務所や軍隊自体の急進的民営化を促進することに、就任以来の二年間を費やしてきた。

トランプは信頼できるとは言えず、彼は気候変動時代にそぐわず、人類全体を脅かす帝国の顔なのである。平壌当局との対話に努めたということで、巷ではこんな虚偽を弄する人でもノーベル平和賞が受賞できるかもしれないという話が持ち上がっていたが、なぜ日韓両国の多くの人々はそんなことを真剣に受け止めているのか理解できない。担当機関があまりにも腐敗、堕落してしまい、そういった冷笑的な結果がもたらされることもありうるのである。しかし、トランプの本拠地であるワシントンで、実際にトランプを凝視しつづけている多くの人たちは、最近の新たな展開はさらに不安なパターンであることを示唆している。「平壌政略」は軍事紛争や世界大戦への体系的な計画から、日本、韓国や世界の人々の注意を他所に逸らすための手段であり、未来平和のためという名目のもとに打ち出した大きなお祭りだった。

トランプやトランプの支持者たちの決定には、深い意味が隠されていることを思い出すべきである。彼らは、石油依存を強要するために、経済的、法的手段を積極的に利用して、新再生エネルギーへの転換を図る、あらゆる努力を無駄にしてきた。それは、彼らが普通の人たちの未来は考えていない、利己的な人間であるということだけを意味するものではない。彼らは深刻な病にかかっており、普通の人たちが考える人類文明を終息させることで、どうにかすると、人類の滅亡へと進む計画を喜んで遂行できることを意味している。彼らの政治、経済権力をもとに、そのような危険な政策を推進したならば、彼らは世界大戦や核戦争を拒まないであろう。彼らなら、どんなことでもやりかねないと思える理由はいくらでもある。

現在のアメリカの政権は民主主義ではなく、サイコパス主義、要するに、サイコパスたちによって牛耳られている政権である。現実を正確に把握できず、自己破壊的で、全面的に災難を招く措置を取っている政権であるという冷酷な現実を、受け止めなければならない。彼らは他の人々には共感できず、また彼ら自身のことも尊重していないからである。

トランプ大統領と金正恩委員長が首脳会談を行なった、二〇一八年六月一二日のシンガポールでは、トランプ政権外交の「スペクタクル政策」のアプローチを世界に完璧にお披露目した。「星条旗」と北朝鮮の「人共旗」が交互に配置された会場を見た瞬間、私は夢の世界にいる錯覚にとらわれた。しかし、私はいとも簡単に夢から覚めてしまった。

複雑で歴史的に重要な今回の米朝首脳会談は、少数のアマチュアたちによって早急にことが進められた。今や真実が明らかになった。性急で大雑把に進められた米朝首脳会談は、あまりにも早く実情が露わになり、北朝鮮の非核化は段階的に国連経済制裁を解くことを要求しており、以降の米朝の膠着が生じたのである。この会談は、ごまかして額面以下で安売りする、中古車の営業マンレベルの外交であった。

しかし、はっきりと言えることは、どう転んでもこの協議はもとには戻らないということと、上手くいけば北朝鮮との一連の協議は大幅に進展するかもしれないということである。

◆なぜシンガポールか？

今回の会談は、全般的にトランプ大統領が最も好んで使う表現である、ボクシング世界ヘビー級のタイトルマッチのように宣伝された。トランプはハリー・ハリス駐韓米大使やマイケル・マレン前統合参謀本部長など、常に戦争を主張してきたタカ派の助けを借りて、思い通りに会談が行なわれない場合は、相当な致命的結果がもたらされるだろうと仄めかしつづけてきた。この首脳会談の事前準備は、巨額な賞金がかかった格闘技の試合そのものであった。

トランプは責任が伴うことは好まないので、細かいことまで考慮する必要がある退屈な政策立案よりも、今回の首脳会談には随分快楽を覚えたことであろう。しかし、準備期間中に盛り上がったわりには、首脳会談自体は全く面白くなかった。クラウゼヴィッツの有名な一節を借りて言うならば、「戦争は他の手段による無能の継続である」なのである。また、トランプ大統領は金正恩委員長に、見せる予定の動画を公開したのであるが、その内容は急進的で、過度な開発や国民（消費者や低賃金労働者）の搾取、そして、アメリカとの全面戦争への選択を北朝鮮に迫るものになっていた。

金正恩、トランプ両者とも、今回の会談では緊張している姿が目についた。金正恩の緊張している姿がとりわけ目立ったのだが、それはただ金正恩が一〇年間、カジノの運営をしたことがなかったからである。首脳会談は典型的なトランプの独壇場であった。疑わしい時には掛け金を二倍にしろ。そうすれば、皆がついてくる。彼らが言うように、「夢遊病者たちの世界では何も知らないものが王だ」。

ゴルフ場で有名なペブルビーチやリアリティTV（トランプを有名にした番組で、プロレスラーのヒール役などを演じた）をごちゃ混ぜにしたような会場に、シンガポールが選ばれたのは偶然ではなかった。シンガポールは国家というよりは、アジア、中東、東南アジアのグローバル資本が集まり、首脳会談の会場であったカペラホテルのような高級ホテルなどの立ち並ぶ超現実的な空間なのである。シンガポールには貧しい人たちはほとんどおらず、関係者以外の立ち入りが制限された住宅地など、地域内の問題を用心深く遮断してきた所で、「死刑のあるディズニーランド」という冗談で描写されることもある。シンガポールは、そういった超現実的な首脳会議を行なうのに適した完璧な場所であった。

この独占的なイベントは、北朝鮮を国際社会に招き入れるということよりも、むしろ金正恩を億万長者クラブに呼び入れ歓迎するものであったといえるだろう。人権に関しての質問がいくつかあったが、結核や栄養失調については言及されなかった。

米朝首脳会談の全体的なプロセスは、聴衆の良心に応えるものではなく、基本要求に訴える形でとても反知性的な形で進められた。首脳会談後のトランプの記者会見は、興奮した感情やそれに関連するものだけで、いかなる論理も見出せなかった。計画されていなかった首脳会談は、突拍子もない政治的計画・策動にすぎなかった。トランプの言動は首脳会談以降も基本的には同じなのだ。漠然と突破口を暗示して平和の話はしたが、六ヶ月以内に戦争脅威を起こさないという制度的な保障はない。トランプ政権は拘束力を持つ契約や協議をことごとく無視、軽視してきた。

二〇一七年、トランプは国連での演説で北朝鮮を「完全に破壊する」と言及した。二〇一八年九月の国連演説ではイランに対しては戦争脅威を仄めかす発言をする一方で、北朝鮮に対してはいかなる約束もしないまま、ある程度評価をする態度を見せた。同時に、トランプは「アメリカはアメリカ人が統治する。グローバリズムを拒否し、愛国主義の精神を尊重する」と述べた。トランプは全世界の共同体に命令を下せる普遍的な法規制を公の場で批判し、法的拘束力の拒否権を乱発した。トランプがアメリカ大統領でいる限り、誘引される脅威にどう対応できるだろうか。

今や政治的武術を練習すべきである。トランプや金正恩が自己宣伝に投じてきた労力を、速やかに新たなポジティブな方向へ向かわせなければならない。方向転換には市民たちの集中と注意が必要である。朝鮮半島で真の平和が持続されるためには、少なくとも戦争遂行に匹敵するほど多くの勇気と献身が必要であるということを忘れてはならない。

その３ ― 平壌南北首脳会談の評価

◆実質的な交流の扉がついに開かれた

韓国の文在寅大統領が平壌を訪問し、金正恩委員長と首脳会談を行ったが、今回の板門店での首脳会談は前回と比べ朝鮮半島の文化や政治的な地形を大きく変化させた。それによって韓国人の意識にも変化をもたらした可能性は非常に高い。その変化の規模があまりにも広範囲であるため、その過程にいる韓国人にはまだ見えていないのかもしれない。南北首脳会談後には、ソウルのメディアで北朝鮮の代表的な料理を紹介する番組が放送され、ネイバーマップでは初めて平壌市内の地理情報の詳細を、ウェブサイトにアップし始めた。国際社会が北朝鮮に対して全ての経済交流を禁止しているにもかかわらず、これまで実現されなかった方法によって、実質的な交流の扉がついに開かれた。これは当事者だけでなく、すべての人々にとって歴史的な奇跡の瞬間であった。

文大統領と金委員長の会談は、一般市民同士の出会いではないことは言うまでもない。しかし韓国市民は、善意を持っていたとしても、北朝鮮を訪問することは禁止されている。南北の交流は政府の高官や閣僚、そして大手企業の代表など、制限的にしか行われていない。実際、北朝鮮に対する今後の投資計画の策定過程は、水面下で行われており、署名した合意内容を全て公開するよう韓国では求めていない。勿論そのような合意が、自然環境に及ぼす影響について言及する人は誰一人いない。

また韓国の市民やＮＧＯ団体、あるいは大規模の資本とは繋がりのない北朝鮮の専門家らは、このような対話に参加していない。そして巨額の資本は南北両国の一般市民の生活には関心が無い。

私は個人的に文大統領が九月の平壌を訪問した時、非常に違和感を感じた。文在寅大統領と金正淑《キムジョンスク》大統領夫人は平壌に到着した際、金正恩朝鮮労働党委員長と金委員長の妹の金与正《キムヨジョン》朝鮮労働党第一副部長に歓迎された。外国人の私の目にはふたつの国の王と王妃が長いあいだ、閉ざされていた状況から、念願の再会をしたかのように見えた。

両国の指導者が、兄弟のように手をつなぎ抱き合うことは素晴らしく価値あることだ。しかしそのような場面はやりすぎではないか、と感じるほど何度も繰り返された。君主国のように国を運営している金委員長とは違い、文大統領は民主的に選ばれた韓国の代表に過ぎないため、最初に何枚かの写真を撮った後、一歩下がって自分の任期は限られていると言わざるを得ないのである。

問題は単純に北朝鮮が、韓国と異なる慣習を持っているからだけではないだろう。富に偏重している今の時代では、王族モデルが社会に拡大している。テレビ番組では、裕福で王族のように振舞う姿を美化して映し出している。この様にメディアが財閥に焦点を合わせることと、世界中で政界から徐々に拡散している今日の新封建主義的な考え方を、切り離して考えることはできないであろう。私たちは極わずかの人々に財産が急速に集中することによって、世界中で王族の様な人が現れているのを目の当たりにしているが、その理由は彼らが民衆から支持を得ているのではなく、資産家から支持されているからである。現在、最も富豪と言われている八人が所有する財産が、下位五割の人の財産と同じ額であるが、この様な富の偏重現象は、人類史で前例のない水準である。政治家のトランプ大統領も現に億万長者だ。韓国経済の構造が本質的に変化したことや、市民が知るべき南北統一の過程をメディアでは全く報道していない。

◆メディアのためのイベント

韓国社会は中流層と富裕層の溝がより一層深くなっている。大統領府が社会的に権威を持つ人々に訴えるのも当たり前となった。もしかすると彼らがそうせざるを得ないと感じたのかもしれない。しかしキャンドル集会が行われた時、文在寅大統領はソウルの街で自身を「キャンドル革命大統領」と言って、一般市民に寄り添う姿を見せた。このような動きは、これまでとは違った大きな変化があったことを感じさせる。

もちろん今回の平壌首脳会談は、アメリカの大統領が朝鮮半島の統一に対して前向きな意思を示したことが前提で開催された。しかしトランプ政権は、今回の南北首脳会談を世界史で最も危険な選択を隠ぺいするためのひとつの手段として利用している。それは以下のことで明らかだ。新聞では平壌との交流に関する記事と、保守派のブレット・カバノー（Brett Kavanaugh）氏を米連邦最高裁判事の候補に指名し、議論になる記事で埋め尽くされていた。その当時アメリカ代表部ケイ・ベイリー・ハッチソン（Kay Bailey Hutchison）大使は、ロシアに対して攻撃を仕掛ける発言をした。更に南シナ海では、アメリカが推進してきた「航海の自由（freedom of navigation）」の活動によって、領有権争いが起きそうになっていた。また九月に発表したアメリカ国防部の報告書『アメリカ製造業及び防衛産業の基盤と供給網の弾力性の評価及び強化（Assessing and Strengthening the Manufacturing and Defense Industrial Base and Supply Chain Resiliency of the United States）』では、中国やロシアとの戦争に備えて、アメリカ経済を全体的に見直すべきだと提案している。最近アメリカの政策で平和へのプロセスを示しているが、実際は非常に危険な方向転換から、人々の注意をそらしているのではないかと懸念せざるを得ない。

私は今回の平壌訪問は、全体的にメディアのためのイベントだったと感じた。残念ながらメディアでは、詳細を分析するコンテンツは見られなかった。文大統領の演説では、韓国人が成功するために必要な正確なビジョンや、韓国や北朝鮮の人たちが日常で直面している過酷な現実への懸念は感じ取れなかった。

◆文在寅大統領のペットボトル

金正恩委員長と文在寅大統領の記念撮影のうち最も印象的だったのは、北朝鮮と中国の国境に位置する白頭山（ペクトゥサン）にある神聖な湖「天池（天国の湖）」の川岸で屈んでいる場面だった。古代から朝鮮半島の人々にとって神聖な場所である天池は、天国と自然そして人が深い絆で大地と繋がっていることを表している。そこは、朝鮮半島の未来を切り開くための舞台であることを象徴的に見せてくれた。

文大統領は、湖の岸で屈み持参のプラスチック容器を出した。彼は天池の聖なる水をペットボトルに汲みそれを韓国に持ち帰ると言った。これは今回の歴史的な会談を象徴する特別な瞬間であった。しかし、そのボトルが象徴するものは何だろうか。それは金属でもガラスでも高麗王朝時代の陶磁器でもなかった。

ペットボトルは今日、韓国のどこでも見られる。公衆の場では水が飲める給水器が殆どなくなり、市販の飲み水を買わなければならなくなった。食堂や地下鉄の駅でも売上を上げるため給水器が姿を消した。また、多くの家庭でペットボトル入りの水を飲んでいる。広告では家族の安全を守るため、水道水より何百倍も高い水を購入するように説得し続けてきた。

しかし、そのようなキャンペーンはほとんど詐欺である。市民が飲めるレベルの高い水質基準が維持されれば、公共の水道水は少なくともペットボトルで販売されている水と同様に安全で健康にも良いだろう。水質関連の問題が発生した場合、地域の水道システムよりペットボトル入りの飲料水を供給しているメーカーの方が隠ぺいしやすいため、そのような秘密保持によって危険性がさらに高まっている。

飲料販売用のボトルは、自然分解に数百年かかる環境に有害なプラスチックを使用している。このペットボトルが一〇〇％輸入された石油で作られ、土壌と水質を汚染しているということを知らない人たちは、これを埋め立て地に廃棄したり海に捨てたりしている。しかも販売されている飲料水は高く、エネルギーを浪費し市民に無駄な経済的負担を与えている。

民間による水の管理は世界的に成長する産業として定着し、人々は企業によって環境意識や健康意識が惑わされている。実際に少数の裕福な投資者たちの利益のために、公共財である水の管理が民営化されているのが現状だ。文大統領はペットボトルを使い天池の水を汲んだが、それが意味のない行動だったと言っているわけではない。彼は水を汲み、それを持ち帰るという象徴的な価値だけを考えていた可能性が高いであろう。ましてや彼はペットボトルを使うことについて、特に問題視していなかったはずだ。

韓国では公共財の民営化の問題が、一般市民の関心から完全に消えた。韓国人たちはプラスチックを使用することが環境や健康に悪影響を及ぼすということを全く認識しておらず、さらに環境運動に関わっている人たちですら何の迷いもなくプラスチックを使い、捨てることが当たり前になっている。しかし私たちは、私たちが置かれている環境についてあまりにも無知である。

それは純粋とはまったく意味が違う。私たちは水の民営化を推進する企業が、平壌の上流階級の人たちと飲料水の供給契約を結び、他のアジア諸国で行ったのと同じような方法で北朝鮮でも、飲料水をブランド化させるために必死になる姿を想像することができるであろう。私は天池の汚染されていない澄んだ水がソウルに運ばれることより、むしろ民営化と消費文化の病が、原始林のような北朝鮮を襲うという事実に恐怖を感じた。

その４――統一は選択の問題ではない

◆『三国志』はどう教えるか？

授業時間に韓国の未来と統一に関する討論時間を持った。統一に向けた正しい道は何かと尋ねると、ある学生は確信に満ちたように「途方もない統一コストを勘案すれば、私たちの世代では統一を選択しない」と答えた。授業を終えてから学生の話を長いあいだじっくりと考えてみた。ひょっとして多くの韓国人が、その学生のように、歴史が私たちにそんな選択肢を提供すると感じているのではでないか。しかし明らかな事実は、私たちの運命についての選択肢はさまざまなものであっても、統一は決して選択の問題ではないという点だ。

統一に関する不朽の文面は、中国の『三国志』の序文から探すことができる。国の存亡の危機だった漢末に書かれたその有名な歴史小説の序文には、このような一節が出てくる。「分久必合、合久必分（長いあいだ分裂した国は必ず再び統一され、長いあいだ統一された国は必ず分裂する）」。

この言葉に含まれた意味は、国家の統一と分裂は、本質的には避けられないということだ。それなら成功的な統一か失敗した統一かの差があるだけで、統一自体は選択の対象ではないということだ。

朝鮮半島の統一過程はすでに始まった。それは韓国やアメリカの政策とは関係なく、北朝鮮はグローバル経済の中に編入され続けているからだ。平壌の特権層はすでに北京やモスクワでブランド品を購入し、外貨を取得したり、さらには海外口座を通じたりして世界へのひそかな投資が可能だ。中国の大規模な北朝鮮投資も、北朝鮮の世界経済の編入を促進している。言いかえれば、韓国と北朝鮮の経済・金融統合は水面下で着実に続くだろう。

南北間の理念の障壁も崩れている。二〇年前なら服や表情だけを見ても北朝鮮の人を識別できたが、そうした差はますます薄まっている。北朝鮮指導者の金正恩委員長の言葉・身振り・服装は、北京やソウルに住む同じ年頃の者たちと大差なく見える。共産主義の理念に支配された党と軍が、私益を追求する寡頭集団へと変貌しながら文化と価値観の差もさらに薄れていくだろう。

◆DMZより恐ろしいもの

万一、南北の統合過程がひそかに行われるならば、政府や民間の正常なチャネルよりも異常なチャネルを通じて統合される危険がある。こうなれば今後一〇〇年間で、朝鮮半島を文化的にも政治的にも後退させるかも知れない悲劇を迎えるかもしれない。統一自体よりも、統一方法が重要な理由だ。

このような誤った統一が起こる可能性を警戒しなければならない。文化的・制度的統合のための実質的な解決策を見出さなければならない私たちの責任は、決してそれをあきらめてはいけないことだ。これを放棄すれば統一は、私たちがどこへ向かうのか分からない非常に危険な状態になる恐れがある。

二〇一八年九月一八日の第三回南北首脳会談では、非武装地帯（DMZ）で分かれていたコミュニケーションや人的交流を再開させるコミュニケを発表した。つまり朝鮮戦争の終結である。しかし、韓国と北朝鮮にはそれぞれ、経済的・理念的な分裂を助長する勢力が、すでに登場して共通の未来を妨げている。

これらこそが目に見えない危険な障壁だ。一九六〇～七〇年代の韓国の発展を導いた驚くべき共同体意識も崩れている。このような隣国との文化的・思想的障壁はＤＭＺよりも恐ろしい。最悪の場合、南北はお金と財貨の流れだけで統合された国に帰結する恐れもある。

南北が自らの意志によらず、両国に投資中の中国・ロシアまたは別の国の発展戦略に巻き込まれて統合されるケースも想定が可能だ。そのような形で統一されるならば、自ら新しい統一韓国の具体的な青写真を作れず、すべての水準でさまざまな世代間の葛藤をそそのかす大変な分裂が後に続くだろう。

韓国社会のすべての水準において、統合を実現しなければならない理由がここにある。これを通じて南北のだれもが同等な市民になり、共通の価値観を共有し、互いに責任を負わなければならない。万一、南と北が文化的・社会的統合を実現できなくても、現在進行形の経済的統合の流れは止まらないだろう。だが、そのような統一はメキシコとアメリカの国境のように、今のＤＭＺが非常に搾取的かつ否定的な様相を帯びることになるだろう。

環境的な問題も考えざるを得ない。北朝鮮はすでに過度な耕作や森林破壊によって土壌が疲弊している上に、気候変化まで重なって相当な面積が恐ろしいほどに砂漠化している。この乾燥地域がＤＭＺを超えて韓国の土地に影響を及ぼせば、そうでなくても不足気味の水不足の事態をあおることになるかも知れない。韓国政府がいくら努力しても、朝鮮半島の砂漠化を防ぐには力不足だろう。結局は緊密な協力しかない。

第十二章　「崩壊」に向かうアメリカ

その1――トランプ式分裂政治によるハノイ米朝会談の決裂

◆孤立主義と軍国主義に陥っているアメリカ

今年二月二八日、ベトナムのハノイで開催された米朝首脳会談の合意文が発表に至らなかったのは、筆者が記憶する歴史的な出来事の中で、最も複雑で矛盾した出来事の一つであった。しかし、決裂直後に行われたトランプとポンペオの即興的な記者会見は全く複雑ではなかった。記者会見は、メディアを意識した陳腐なショーであり、言い訳以外のどのような話もしたくないというものであった。トランプは、金正恩、安倍晋三、習近平、文在寅と結んでいる「深い関係」について話したが、そのような姿は、突然の放送事故によるプログラム空白を埋める努力をする深夜番組のコメディアンのように見えた。しかし、トランプが投げた肯定的な言葉が、世界のあちこちで起こっている気候変動による災害から人々の目を背けるようにすることはできなかった。また、金正恩委員長と共にした「生産的な時間」に対する甘い言葉も、世界各地で垂直上昇している戦争の危険性を覆い隠すことはできなかった。

正直に言おう。北朝鮮は世界平和にとって圧倒的な脅威ではなく、むしろ、一九五一年のサンフランシスコ講和会議で構築された世界秩序が崩壊に向かう過程で、その「粉塵」が比較的安定した状態にある島のような所なのだ。アメリカはどうなのか？　現在、アメリカ政府は政府としての専門性をすべて失い、問題と政策の分析は急激に私有化され、富が極度に集中し、文化も変質してきている。アメリカは現在、孤立主義と軍国主義に陥り、どんなことが起きても不思議ではない状態になってきている。これらの構造的変化、制裁緩和に対する連邦議会の強い反発、あるいは個人弁護士のマイケル・コーエン（Michael Cohen）の低俗な証言（マイケル・コーエンによるトランプ大統領の不法行為疑惑や犯罪行為に対する仕返しのような証言）のために、ハノイでのショーはどのような結果も得られなかった。

しかし、世界はトランプを待ってくれてはいない。核保有国であるインドとパキスタンが戦争の岐路に立っているが、この二つの国が対立する理由の小さくない部分は、中国の影響力を牽制しようとするアメリカの政治ゲームから来ている。米軍は、いかなる責任も負わないまま、中央アジア、中東およびアフリカに介入しており、新たに選出された連邦議会は、そこの統制権を喪失したように見える。

南米では、政治的な問題の解決に強制力を動員するという脅迫をするだけでなく、利得のために分別のない反知性主義の風潮を煽り、アマゾンの熱帯雨林を破壊して人類の滅亡を早めようとしているブラジルのジャイール・ボルソナーロのおかげで混乱に陥っている。それと同時に、ネオコンの思想的双子であるエリオット・エイブラムス（Elliot Abrams）とボルトンは、ベネズエラの政権交代のために昼夜を問わず働いている。彼らはニコラス・マドゥロ政権を崩して、多国籍企業のために石油生産を掌握しようとしている。これに関連したグロテスクな行動の一つは、右翼の上院議員であるマルコ・ルビオ（Marco Rubio）が本人の Twitter にリビアの元指導者カダフィの写真を上げたことである。これはマドゥロがずっとアメリカに抵抗するならカダフィと同様に拷問を受け殺されるという暗示であった。

資源掌握を目的とするこれらの陰謀は、石油と石炭財閥であるチャールズ・コッホチャールズ・コーク（Charles Koch）とアンディ・コッホ、デイビッド・コーク（David Koch）兄弟が率いている。彼らはまた、手をつけない方が良いと思われる北朝鮮の金、石炭および他の地下資源を狙っている。これは金正恩との会談においてトランプが話す経済的奇跡が、北朝鮮の人々のためのものではなく、国際投資家のためのものであるということである。北朝鮮との接触はイランとベネズエラで起きている敵対的な行動と切り離せない関係にある。

しかし、これは物語の半分に過ぎない。ＩＮＦ条約（中距離核戦力全廃条約）からアメリカを脱退させたいジョン・ボルトンの行動は、技術の進歩で一九五〇年代の軍拡競争よりもはるかに危険な軍拡競争を煽っている。その狂気は、イランとの核交渉の一方的な破棄とあいまって、ドイツ、ロシア、中国、アメリカ、トルコ、日本、インド、そしてイランのあいだの大規模な軍拡競争を煽っており、これは第三次世界大戦につながるかもしれない。これらの全ての国々が、そう遠くない将来に核戦力を備える可能性は高い。

文民の統制のない米軍の力をサイコパスの影響下におけば、人類史上で最も大規模な災害になる可能性がある。アメリカの民主党の反応、そして韓国と日本の保守層の反応は、トランプが国際法を無視し、彼が軍国主義を受け入れて、ファシスト的基盤を築くことを意図的に無視した批判であった。

アメリカはすべての国に核不拡散条約を守らせることに失敗してから、イランとの核交渉も破棄し、国防省は一兆ドルをかけて新たな核兵器を開発することにした。明らかな条約違反であるが、これに対する言及がタブー視されている。

その2——日本にできること

◆アメリカの今

私の母国であるアメリカは、決して高潔で優れた国家ではない。本質的に大国は優れた国家ではない。しかし、根本的に搾取的な利益追求に没頭したり、世界中で短期的な利益追求してきた企業と倫理的責任を感じて真理追究をしたり、倫理的問題や共通善の擁護をしてきた知識人、芸術家、弁護士、公務員のあいだではバランスが保たれてきた。私の幼い頃はもちろんのこと、私が教鞭をとり始めた頃のアメリカでもそうだったと私は記憶している。

しかし、八〇、九〇年代には多くの日本の知識人や企業での研修の場であったアメリカは、今や存在しない。ハーバードヤード（ハーバード大学創設時の一八世紀の建築物が保存されている場所）や、スミソニアン博物館などは相変わらず存在しているが、文化や社会の構造は完全に変わってしまい、優れた政府や何かを深く考えさせることなど、過去の豊かな伝統は影も形も残っていない。現在、アメリカがおかれている状況や、制度的崩壊に向かって突き進むアメリカの先行きがとても懸念される。昔の思い出に浸ることはそんなに楽しいことではないが、「あなたたちは真理を知り、真理はあなたたちを自由にする」という聖書の一節を拝借すると、「真実を認めることは心理的に自由になることである」。しかし、多くの日本人は今日、残酷な現実を把握できず、困難をきたしている「アメリカ」という枠に異常なほどにとらわれている。一部の人たちはあまり意味のない日米同盟に執着している。

しかし、日本人はこういった欧米の新たな文化的現実に、目を向けなければならない。それはアメリカ人が選択した人種差別であり、新たな利己的アイデンティティーであり、トランプに象徴されるような権力掌握であり、表参道のカフェでティータイムを楽しむこと以上に昔、日本人が夢見たヨーロッパの田園で新たに浮上している、極右思想や増加する外国人へイトであることを理解すべきである。

◆眠っていたアジア蔑視が顕在する可能性

今日、欧米で起こっている現実は、過去のものとは異なっている。日本が努力を怠ってはならないほど大変な危機に瀕している。

アメリカの場合、過去二〇年間、海外で引き起こした戦争のせいで、福祉や公教育を崩壊させた超富裕層勢力の台頭、軍国主義による陰鬱な未来、貧困、深刻な搾取などの現実が、目の前に立ちふさがっている。それとは異なるビジョンのために、戦う準備ができている人たちがいたとしても容易な状況ではない。

しかし、米軍がイラン、中国、ロシア相手に災いをもたらす戦争を準備しているにもかかわらず、日本のマスコミは沈黙しつづけている。日本人はトランプやポンペオのような人たちを偉大な政治家として扱って、彼らの危険な実態ついては何も迫らない。これは単なる陰謀ではない。日本人はただ、不都合な真実を直視することを望んでいないだけなのである。

アメリカの事態が間違った方向へ進めば、アメリカ国内では眠っていたアジア系への人種差別が再び起こりうるであろう。一八八二年に制定された中国人排斥法（American Exclusion Act of 一八八二）は人種を理由に中国人のアメリカ移住を禁止して、日本や他のアジアからの移民者も多く排除された。また、第二次世界大戦中、日系人は強制収容所に送られた反面、ドイツ系アメリカ人に対してはそうされなかった理由の一つが、まさにアジア人に対する人種差別によるものであった。

ところが、そういった過去の遺産は既になくなり、アメリカやヨーロッパは普遍的価値に基づいて開放的で国際的な社会モデルになったと思われてきた。しかし、近年ではアメリカ社会の矛盾によって、そういった文化は消滅してしまった。

日本が明治時代からベンチマークにしてきた欧米モデルは、足元から崩れはじめている。アメリカでは再び、酷い人種差別政策が登場することもありえるだろう。トランプ政権は中国をターゲットにして、怒りをあらわにしている。一方、日本や韓国に対しては「同盟国」として見なしているが、「同盟国」であっても貿易に関して自分の命令に従わない場合、トランプはその方針をいくらでも変えられることを皆が知っている。中国人がアメリカの資産を盗み、また、アメリカの技術的優位を脅かしていると思えば、アメリカ国内のアジア系の人々は区別なく苦難をしいられることになるであろう。日本人はそういった脅威は、中国人だけに向けられるものだと軽く考えていてはならない。

アメリカやヨーロッパは既にいくつかの段階を経ており、彼らが危険な外国人へイトから脱却できる可能性はまだ残っている。しかし、当面の脅威はまだまだ大きい。

◆日本への希望

最後に、日本は一体どんな国なのか、を問う。

日本は自動車、携帯電話、世界貿易、高い消費、利便性と、少数の運の良い人々だけに金儲けの機会がある国なのか？　先進国首脳会議で政治家たちは「自分たちは西欧諸国だ」と主張するのだが、日本はG7加盟国の中で唯一、非西欧の国なのか？　とにかく周辺の国々とは違い、西欧の啓蒙された民主的理想に近い、と自分たちでは思っている脱亜論を目指すアジア国家なのか？　日本は世界の中でも最大級の軍事力を保有しているにもかかわらず、日本のマスコミや政治家たちは、日本が世界のどんなところでも戦争ができるようになるまでは、「正常」国家ではないと主張している。実態はどうなのか？　また、日本の一般市民の考えは、マスコミや企業が日本はそうすべきだと主張することと、違いがあるのだろうか？

残念なことに、今日の多くの日本人が持つ常識世界は、経済成長、株価の「安定」、消費にとらわれており、そういった行為が環境へ大災難をもたらすことや、少数への富の偏在が進むことを意味しているとしても、現況にあまり変化はない。変化へのいくつかの初期段階には、忍耐、勇気が必要であるのだが、今日の日本人は「成長」への数値をあまり信じていない傾向がある。学術的なことを言っているわけではない。世界情勢の波に従って短期利益を追求する多国的企業や、混乱する一般市民に訴える扇動的な政治家が日本を主導することになれば、それは災難を招く道になるであろう。

日本は大災難を起こしうる気候変動に対応する準備や、石油・石炭への依存を減らそうともしておらず、とりわけ、迫る経済的災難により失望に駆られる人々を奮い立たせる手段として、民族固有の神話や軍国主義にはまりつつある。最近のメディアは有名人の煽情的な話題で埋めつくされており、今やメディアは無批判的な宣伝媒体に劣化してしまった。一九三〇年代がそうだったように、混沌とした世界では、軍隊が自尊心や安定を支える源泉の役割を果たしてきた。また、高利益を得るために、ベトナムや中国の労働者だけでなく、日本労働者にも深刻な搾取が行なわれてきた。

これをどう終わらせるかはわからなくもないが、今日の日本には肯定的な循環をスタートさせる手段もある。抵抗の時代だった六〇年、七〇年代はもちろんのこと、古代から平和的文化を創り出そうと努力を積み重ねてきたことも含めて、豊かで繊細な文化が日本にはある。

消費への危ない強迫観念にかられたり、製品や消費に対する病的な執着を克服できる心がけや精神を、日本人はまだ心得ているという遺産がある。また、日本には有機農法で自給自足をしながら共同体を形成する集落という遺産もあり、そのほかにも過去に回帰できる多くの偉大な遺産が残っている。

究極的な疑問は、既に日本に存在する平和、マインドフルネス（自己啓発）、エコロジーや共同体に関する伝統に深く根付いているグループを支持する日本人がいるかどうかである。そういうグループは必ずしも大規模である必要はないが、変化を引き起こし果敢に行動しなくてはならない。

日本が直面している問題に対して、三菱などの大企業は率先して動かないであろうし、議会でも可決されないであろう。また、企業から資金援助を受けているシンクタンクでも議論されないであろうし、商業放送である民放でも討論の議題にも上がらないであろう。解決策は、日本のことを真剣に考える想像力や、一般的には無関心であっても、日本のことを真剣に考える根気や圧力を受けても、日本にとって最善策になることを擁護できる勇気の持ち主が現れることである。

アメリカと同様に、日本でも産業広告や株式市場が八〇年間も社会を動かしてきたせいで、一般市民は受動的で怠慢になってしまい、華やかな製品に簡単に魅了されるようになってしまった。そういったことが未来に関心のない者たちを政権に送り出す結果を生んでしまった。しかし、日本の潜在力に目をつければ、さらによい方向に導くことができる人たちが日本にはいると私は思っている。

日本の哲学者である荻生徂徠は『政談』という意見書のなかで、規則には二つの段階があると主張している。一つの段階では規則をしっかりと会得することで、すばらしい専門知識を得てゲームを楽しむことができる。しかし、もう一つの段階では、ゲームを行なう規則を作る瞬間がある。規則を新たに創ることだ。今日の日本が直面している難題はとてつもない。専門知識を持って政治ゲームをするのではなく、ゲームの規則を変えなければならない。日本を変えるには相当勇気が必要だし、相当想像力が必要である。しかも日本はそのほかの国よりいい暮らしをしていることは、かならずしも自慢できることではない。

残念なことに、労働者を搾取する略奪的経済の増加、金持ちと一般人との貧富の差の拡大、軍国主義文化の拡散など、今日の日本で見られる社会情勢に翻弄されている人たちは、それらの挑戦を認めない心理で、なんとか自分と自分の家族、知り合いだけを助けようとする。なんとかして今日は便利な一日を過ごせばいいと考えている人たちは非常に多い。もっと大きな理念のために信念のために勇気をもち動く人が少なくなった。この危機の時代には常識はいらない。想像力を生かして新しい別世界を描き、それを実現できる勇気と、その理想を続ける我慢さが必須である。日本にはそのように運動できる人がいる。そうしてそのようなもう一つの伝統もある。そのもう一つの日本を発見できる意志があれば、日本にも希望がある。

日本の若者に――あとがきに代えて

エマニュエル・パストリッチ

私がこの本こそ若者たちに読んでもらいたいと思い、あとがきのタイトルを「日本の若者に」としました。これからの日本の将来は、若者にかかっていることは疑いの余地がありません。問題は若者が、産業文化、TV、インターネット、ニュース、ファッション広告、そして、食に関する動画等、溢れるイメージにさらされて、基本的なファクトから遠ざけられているということです。その心理状態を克服できたら、日本に革命的な変化が可能でしょう。日本の将来を決定できるのは、ほかでもなく、まさに若者なのです。

日本は、世界経済において非常に重要な国です。技術・科学分野では莫大な財産を所有しており、安倍総理がイラン訪問の際に見せたように、世界で大きな役割を果たしています。でも日本ができる立派な貢献がテレビで一切言及されません。日本のマスコミは、市民を眠らせ、絶えず消費の拡大を図ることに懸命です。また、「普通の国」になるためには大規模な軍事力を構築して、アメリカのように強くならなければならないとする主張に、真正面から反対し続けるメディアは限られています。

莫大な浪費を目的とした経済制度と若者の将来に何ら寄与しない無駄使いの軍事は若者の視界に入らないように隠されています。その軍事力と歪んだ経済力は日本の偉大さを語るものではありません。

日本の昔には、日本の田舎には、日本の巷には平和や穏やかな暮らし、そして平等思想などがあり、ごく普通の日本人は、持続可能な農業、無駄な浪費もない環境を守る生活習慣、共同体を大事にしてきました、

若者は、もう一つの日本を作れます。もっと建設的、もっと人間らしい、もっと人に霊感を与える日本を皆さんの手で作り、皆さんの行動で実践できる。若者が作る日本は平和をもたらすことができます。戦争を準備しない日本です。戦争に傾注してきたアメリカ、浪費経済に染められているヨーロッパをまねする必要はありません。

しかし、何が日本なのでしょうか。日本の誇りは「戦艦大和」ではなくて、一七世紀のすばらしい有機農法や森林を保全した習慣とか、お互いに助け合いの伝統があった共同体など、現代化の過程に捨てられてきた日本でした。市民がその伝統をよみがえらせて、これを現在の日本の実情に合わせて再解釈したならば、日本は真のルネッサンスの中心になれるはずです。日本は一地球のエコな暮らしのモデルになることでしょう。

いまの若者が知らない六〇、七〇年代のことです。数多くの若者たちが、日本の社会を完全に変化させ、消費や競争への対案を示して、平穏で活気あふれる地域共同体で新たな文化を創出しました。それらの例をみれば、若者の皆さんも今、日本を完全に変えることも可能でしょう。

しかし、肝に銘じなければならない重要な点が一つあります。アメリカで黒人公民権運動の指導者マーティン・ルーサー　キング牧師の言葉を覚えておいてください。

「平和を愛する者は、戦争を好む者以上に効果的に組織する方法を学ばなければならない」

キング牧師の言葉の要点をきちんと理解しなければなりません。経済や文化を再創造することで、効果的に気候変動に対応して、平和を望むならば、しっかり組織して、勇敢にならなければならないのです。私たちの目標は、平和と新たな文化や新たなビジョンなのですが、このためには、効果的に組織を整えなければなりません。

日本の武士道の伝統が、必ずしも戦争に係わるものである必要はありません。それは、平和に関連していて、精神的、制度的に必要なすべてのものへの準備になりえるのです。

友達と話をする時でも、もっといい世の中のために何をして、どのようにするべきなのか、について話してください。ファッションやそのほかの権威を示す象徴に逸らされないでください。友達と一緒に自分だけの健全で鼓舞的な文化を創造したら、究極的には、日本と世界が変化していくのを見ることになるでしょう。

二〇一九年七月一日

おわりに――解説をかねて

川瀬　俊治

エマニュエル・パストリッチ教授と環境問題

著者エマニュエル・パストリッチ教授はアメリカでのイリノイ州立大学教授をへて二〇〇七年から韓国に住み、韓国の「中央日報」インターネット日本語版、「ザ・ハフィントン・ポスト・ジャパン」、香港のインターネット新聞「多維新聞《ドウエイ》」などのメディアにコラムを掲載してきた。その一部は韓国で書籍化されており、本書はこの間に発表したアメリカを含む東アジアに関連した約一〇〇のコラムの中から三つのテーマに分けて編集した。うち、母国であるアメリカについて論及したものも多かったが、今回は日本の平和憲法について論じたもの、東アジアに関するコラムを集中的に取り上げたため、割愛せざるを得なかった。

パストリッチ教授の最大の関心事は環境問題（地球温暖化）である。しかし、学部からの経歴をみれば漢文系統であって、専攻は江戸時代の漢文学で、環境問題とは縁が遠いと思われる。この点、どのような関係があるのについてSNSのやりとりやソウルで会うなりして尋ねてみた。日本語、英語、韓国語（朝鮮語）、中国語、フランス語を使いこなす才人だが、編者とのやりとりは日本語である。本書の解説を深めるため編集過程でインタビューした発言も紹介する。まず尋ねたことは、もともとの研究と最近の環境問題活動とのかかわりのことだ。

「博士論文は、『日本と朝鮮の知識人の中国・白話小説に対する理解』というテーマです。白話小説とは通俗小説のことで、日朝の文人たちが白話小説に出合って、どのようにそれを受け止めたのか、特に漢文と違って、その俗語が混った砕けた文体をどうみたのか、同時代の文学にどうした影響があったかを研究したものです。研究の積み重ね、体験が、東アジアの中国、韓国、日本に対する文化、文明に敬愛の念が生まれてきました。二〇〇〇年ごろから多くの人と同様に地球温暖化という気候変動に人類存続の危機を感じてきましたが、多くのアメリカの知識人はその解決を新技術、あるいは新しい生活の方式に求めたことに対して、私は気候変動の克服の道が東アジアの伝統の知恵と知識にあると主張してきました。

韓国に来て最初は、大田市のソルブフリッチ国際大学の教授を務め（二〇〇七年〜二〇一一年）、環境問題の勉強に没頭しました。この時期に大田市にある科学技術の先端研究が集まった大徳研究団地の専門家との交流をはじめて、環境技術の発展について議論しました。環境関連ゼミナールを国立研究所の研究員、大田市の公務員、そうして自分の学生と一緒に気候変動の対応を真剣に話し合いましたが、意外にも韓国社会にそういった討論ができる場所が少ないということもわかってきました」

パストリッチ教授によると、今日の環境被害は石油と石炭に対する依存を減らすだけでは足らず、消費と成長の基準をやめて、持続可能な経済をまず追及すべきという。さらに、環境破壊の背景にあるもう一つの要因について指摘する。

「デジタルが代弁する時代にあって、我々が毎日無造作に繰り返している行動が、周辺諸国で起こっていることにどんな因果関係があるのかを明確に知ることさえできないでいます。それどころか、両者は全く関係がないと考えることもしばしばあるのです。紙やプラスチックが環境にどのような影響を与えるのかも考えず、カフェでコーヒーを飲んではその紙コップを捨てる。それを解決するには日本の伝統的思考が力を発揮するでしょう。『もったいない』とかの言葉で代表される伝統も一つでしょう」。

環境活動家とちがう点は本書でも明らかだが、改めて尋ねてみた。

「それは環境問題の解決を伝統に見つけたことですが、儒教の伝統に注目しました。自分のすべての振る舞いが、窮極的には道徳的な行為という事実を認識する必要があるのではないでしょうか。そこで、本を読んだり、食事をしたり、友達と話をしたりすることなど、すべての行動が社会に肯定的な影響を与えるのではないか。謙虚で慎ましい日常生活をすることで、道徳的な行動の意義を再確認し、健全な政治文化を創造することができるのです」

もちろん、治者による上からの道徳律ではない。自治、自立精神については、論究していないが、その精神でこそ実現できるものだ。だから、「あらゆる面で高い道徳的な行動を要求する文化を確立することで、政治家に圧力をかけることができるのです」と話す。もちろん儒教の再解釈においては女性の社会的役割に対する抜本的な革命が必要な条件であり、それは十分に可能である。

新しい経済基準で地球温暖化に向き合う

同様の趣旨の指摘が第九章「中国に向き合う」でもある。「『中国の夢』：欧米化？それとも新しい道を開く？」にある文章だ。「中国の伝統的文化は、幼い子どもの頃からビジネスマネジメント、マーケティングではなく、詩集、論理や哲学の勉強を勧めている。知識人が社会と政治に忠誠を尽くし、官僚がなによりも人徳を重んじるべきと期待される。必要とされるのは、エルンスト・フリードリッヒ・シューマッハー（E. F. Schumacher）の著書『スモール イズ ビューティフル』（Small is Beautiful: Economics as if People Mattered）で取り上げられた、「物質至上主義」（materialist heedlessness）と「伝統の固守」（traditional immobility）の「折衷方法」である。中国の過去の経済発展は、欧米のように世界各国の人々を搾取して彼らの自然資源を略奪するパターンと異なっている。欲深いグローバル化主義者の一員にならず、人文と知恵を大切にする持続可能な経済発展の道に戻って、中国ないし全世界に真の「中国の夢」を広げることが期待される」（同「中国が国際舞台の中心に立つ現実」）。

「人文と知恵を大切にする持続可能な経済発展の道」とは何か。引用文の後に続く次の文が答えである。

「中国人は儒教と道教の伝統思想の要素となる長期的な経済的正義と環境的正義を中国の夢に取り入れなければならない」。

パストリッチ教授の友人であるジョン・フェッファー（John Feffer）がその著書『The New Marx』（次代のマルクスとは―編者未読）は、将来マルクスのように影響がある学者して、経済の平等を主張しながら、資本の問題と生態における経済の影響を同時に考える理論を立てる人になるだろうというのだ。パストリッチ教授は「日本、韓国（朝鮮）、中国の昔から続けてきた持続可能な農業中心経済の再評価する、つまり、伝統理念を再研究することによって、経済学と環境論を融合する総合的な概念を作り出し、二つの学問の発展方向を見直すことに繋がるのではないでしょうか」と語る。ジョン・フェッファーはシンクタンク「Institute for Policy Studies」（アメリカの政策研究所）の研究員で、雑誌『Foreign Policy in Focus』（アメリカ外交の焦点）の編集長を長年つとめてきた。

中国は経済と環境を併立させる思想体系を支える哲学的な基礎がある。明と清の時代の中国人は何世紀もかかる農業灌漑計画を立てることに成功した歴史を持つ。いつか地球市民が西欧の経済学より『治平篇』を書いた洪亮吉と『農政全書』を書いた徐光啓の経済、農業、生態の融合における努力が高く評価される時が来るだろう、とみる。「環境要素を無視した経済理論に尽力したアダム・スミス、カール・マルクスまたはジョン・ケアンズのように世界に認められるときがきっといつか訪れるだろう」（同「中国が国際舞台に立つ現実」）。

アメリカへの論究――オバマ前大統領の広島訪問について

中国を論じる中で、パストリッチ教授の母国に対する反省も記述している。たびたびアメリカ文化の評価を対極にあげる。「激しい後退及び知識人の驚くほどの無責任さがアメリカに多くの問題をもたらしている。経済力、科学力、政治力及び奥深い文化を持つ中国こそ、国際舞台の真ん中に立つ唯一な国になるだろう。(中略)経済力と権力への追求を冷静に捉え、自分たちの伝統文化がどのように国と世界を頼もしい方向へ導くかを批判的に評価できるかにかかる」と述べる。パストリッチ教授は中国を必ずしも優れているとの幻想をもってはいないのだが、アメリカの急激な衰退を一つ既成事実と認めざるをえないと覚悟しているらしい。

ドナルド・トランプ大統領に厳しい評価を下しているが、かといって、前政権のオバマ政権を評価しているわけではない。オバマ前大統領が広島を訪問した二〇一六年五月二七日を受けて書いた「広島を訪問するオバマ大統領が謝罪すべきことは山ほどある」(「ザ・ハフィントン・ポスト・ジャパン」―本書末掲載)の記事である。たしかに現職大統領が広島を訪問したことの意義は大きい。しかし、そこで終わらない。「アメリカによる原爆投下は、当時のトルーマン政権の閣僚の多くがその必要性に疑問を持っていたにも関わらずなされたものであり、モスクワを威嚇すること以外に目的はありませんでした。そうしたことからも、現時点で大統領が当時の意思決定に対して謝罪を行うべき理由はいくらでもあります」。

オバマ前大統領が二〇〇九年四月のプラハ訪問で「核なき社会」について語り、ノーベル賞平和賞を授与されたものの、新核兵器開発に膨大な予算を使うことになった。「核不拡散条約の柱である軍縮それ自体がアメリカの次世代核兵器およびその輸送システムの開発開始により大きく後退してしまった」と指摘する。

パストリッチ教授が最も好む日本映画は小林正樹監督の『人間の条件』という。その映画の中で主人公・梶(仲代達矢)は「満州」に進出し、戦争を推し進める日本の政治文化の歪みに立ち向かい、なんとかして正義を貫こうと苦心する。彼は虐げられる中国人のために心を砕くが、結局、その試みは失敗に終わる。パストリッチ教授が思うのは、今のアメリカは映画で描かれた「満州」に進出した当時の日本と全く同じように、中東などの戦争のドロ沼に踏み入り、幼い頃から知っていた古き良きアメリカの考え方はほとんど忘れ去られたものとなった、という。何が根本的な問題なのかを聞いた。

「アメリカ人が加害者としての自覚が希薄であり、加害者としての立場を受け入れて世の中を見ています。世の中を知らない青年が虚勢を張っているような傲慢な態度を捨てない限り、アジアでは何の貢献もできないでしょう」

アメリカと韓国（朝鮮）の「民主主義」について

アメリカといえば日本にとって民主主義のお手本のような時代があった。今も民主主義の根幹をなす「言論の自由」では、その牙城を守っているとみる人は多い。アメリカの民主主義をどう見ているのか、翻って韓国の民主主義をどう評価しているのか、編集の過程で質問してみた。そこで返ってきたのは朝鮮王朝時代の「民本主義」の評価だった。

「戦後に選挙で政治家を選ぶ民主主義が絶対的な価値をもつようになり、多くの韓国人が昔の政治制度を時代遅れで悪いものと思うようになりました。しかし朝鮮時代の民本主義伝統は王と官僚が百姓のために最善を尽くすべきと考えていました。特に丁若鏞《チョンヤギョン》（一七六二－一八三六）の本『牧民心書』の本にその思想が述べられています。西洋の民主主義が過去の儒教民本主義より進んでいると思われていますが、本当にそうでしょうか。今は知識人たちが政治を傍観するようになってきた。積極的に社会に貢献しない限りは四年間に一回投票することに大した意味を見出せません」と言う。

民意を映し出す代議制民主主義への否定とも受け止めかねない発言だ。パストリッチ教授は知識人の役割を何よりも問う。だから「朝鮮時代の民本主義伝統は王と官僚が百姓のために最善を尽くす」儒教民本主義を評価した、政治を傍観しがちな代議制民主主義は、社会参加、貢献で知識人は消極的と見る。しかし、民衆と知識人は切り離すことなどできない。民衆が知識を焦点化し、社会を変えていく。知識を焦点化するとは、焦眉の課題を人々が共有していくことだ。香港政府は香港から中国本土の司法当局への容疑者引き渡しを可能にする「逃亡犯上条例」改正案を事実上撤回したのだが、背景に二〇〇万人を超える改正反対のデモに香港政府は強行突破できなかった。知識を共有できるところに民主主義の根幹がある。次の著作では日韓の民主主義について論じた著作物を表わしていただきたい。

建国以来のアメリカの歴史と何倍もの歴史を刻んだ韓国（朝鮮）の民主主義の質的な違いをこう指摘する。

「民主主義の国アメリカと言われるが、一九世紀までは黒人は奴隷でした。先住民は国籍をもらう資格がありませんでした。アメリカの民主主義からまったく疎外されていました。そう考えると朝鮮時代のほうの民本主義は優れた点が多かった。もちろん厳しい階級制度がありましたが、長期的に政府が民生のための計画を立てることができて、その計画にいろんな人が参加したということを考えたら、民主主義を広い意味で考えるべきでしょう。こうした伝統は二〇〇〇年の歴史を持つ韓国の歴史の中で民主主義を考えることは重要なんです」

著作物の中で『韓国人だけが知らない別の大韓民国：ハーバード博士がみた韓国の可能性』（二一世紀ブックス、二〇一三年、ソウル、韓国語）に「韓国の中に生きている民主主義の伝統」の項でもこう以下のように書いている。「今後韓国はアジアで民主主義を指導する役割をすることになる」。日本にも民主主義を考えるのに、平安から江戸時代までの行政、習慣、農業などにもいい先例もあるともパストリッチ教授がいう。

加害―被害の二極化に陥らない

本書の特徴でもある気候変動と非軍事の安全保障はどこで結びつくのか、である。第二次世界大戦による大量破壊、虐殺からの深い反省から生まれ、過去のものではなく未来のものだと指摘する日本国憲法の位置づけが本書で展開されているのだが、パストリッチ教授は加害と被害の問題を深めてきた。

第十章「日本に向き合う」―「その2　これからの日韓関係に対するわたしの夢」について書いている。父方の家族はハンガリーに住むユダヤ人であり、曽祖父の村の人たちはドイツ人により死の収容所に送られた。しかし、母親方の父、パストリッチ教授の祖父はルクセンブルグの公務員としてナチ党に反対して解職され、ナチスが最終的に敗北するまで苦しい日々を送った。一方で祖父の弟は最初からナチス党の熱心な党員であった、という。

この親族間の反ナチと親ナチを自身に照らし出すこと、つまりものの見方の軸におくことが被害と加害の問題を深めることになったに違いない。「私は子どもの頃から二つの想像をしてきた。ドイツ人に狩られるユダヤ人の心情はどうだったのだろうか。大規模な凶悪犯罪に手を染める国家にとらわれる心情はどうだったのだろうか。私はどんな判断を下すときも、本能的に二度考えるようになった。私の母国、アメリカ合衆国がこの一五年間、法的裏付けあるいは正当性もなしに、多くの外国の戦争に関わってきたのを見ていて、私は他人を批判することに、とても躊躇するようになり、また、不条理な体制にあって生き残ろうとする者に対して、より同情的になっていった」（第十章「日本に向き合う」―その2「これからの日韓関係に対する私の夢」）

加害―被害の二極化に陥らないからこそ、先にあげたオバマ前大統領の広島訪問での批判も出るし、本書で展開してきた非軍事としての安全保障で、日本の平和憲法に注目することにもなると思う。軍事対決は、被害に対する応酬、反撃という、加害―被害の連鎖を繰り返してきたのだが、この連鎖を断ち切るのが日本の平和憲法に結実したと、評価する。

市民への無差別空爆から広島・長崎の原爆投下

第一次世界大戦後に現れた市民への無差別空爆は驚異的な破壊と殺傷を生んだ広島・長崎の原爆投下に結び付いた。しかし、その後も無差別空爆はイラク、アフガニスタン、シリア、カザ地区など中東で止むことがなかった。さらに、小型核兵器、無人爆撃機という兵器開発にみられるように、無差別空爆の思想は留まるところを知らない。

核兵器は、米国、フランス、イギリスなど多国籍軍が参戦した湾岸戦争（九一年）、米国の対イラク戦争（二〇〇一年）で、「第二の核爆弾」とも称される劣化ウラン弾として登場し使用された。「核の平和利用」の原子力発電所で生み出されてきたもう一つの核爆弾だ。劣化ウラン攻撃も核兵器攻撃の一つだし、小型核兵器開発もそうだ。

現在ではアメリカと中国・ロシアの対立から新冷戦と呼ばれたりする。イランの核開発にストップをかける欧米諸国の核合意をアメリカが離脱を表明し、いまアメリカは戦争の準備をしているのではないかとすら感じさせる。朝鮮民主主義人民共和国（共和国、以下、本書の訳と同一の北朝鮮と略）の核開発問題など、人々の注目は核開発問題に集中するが、核開発問題、核爆弾攻撃の源を探れば、第一次世界大戦の無差別空爆にたどり着く。

ではますます止むことのない軍事対決になっている傾向を解決するには何が必要なのか。

「伝統的な形の軍事力の使用が、従来の安全保障上の懸念を解決するのに効果がないことが証明され、イラク、アフガニスタン、リビア、シリアへの武力行使は比類のない惨禍を生み出した。問題は軍事戦略が間違っている、ということではなく、グローバル化し、相互につながりあったこの世界にあって、紛争を軍事作戦という手段によって解決するのは不可能だということだ。この状況のもとで、日本国憲法の思想は実効性を増している」（第一章「日本の平和憲法は「過去」ではなく「未来」である」――「実効性を増す日本国憲法の思想」）。

今回の書籍化に関わり行ったインタビューでは次のように語った。

「重要なのは軍隊が軍隊を考え直すことは可能だという点です。つまり気候変動が軍隊の戦略に及ぼす影響を考慮することだけではなくて、軍隊はその役割を完全に変換できるのです。必要なのは技術ではなくて勇気です。『侍』の精神がそこにある。『侍』の精神は人殺しではなくて勇気をもって正義をはたすことにあります。軍隊は気候変化を減らすことを目的に掲げて具体化すれば大変な貢献ができます。その勇気は戦車に乗って人を殺す勇気ではなくて、不要な武器を敢えて捨てる勇気です」

日本の侍は身分制を堅持し、帯刀の威力で農民ら民衆の上に君臨した。武器を持った軍隊だった。しかし、そうした存在ではなく、武器を捨てた存在として気候変動に立ち向かうことを比喩的に指摘する（第二章「日本の自衛隊が世界を救う」参照）

砂漠化の危機にある北朝鮮

第六章「北朝鮮に向き合う」で北朝鮮への提言が書かれているが、どこにも軍事技術を高めることが書かれていない。二〇一八年の三度に及ぶ南北首脳会談、さらには二〇一九年二月に二回目を数えた米朝首脳会談で焦点になったのは、朝鮮戦争の終戦協定締結であり、北朝鮮の開発推進であったが、第六章で提言している「開発プログラム」は、レアメタル、石炭、ウラン、マウサイトなどの天然資源の開発を促進せよ、ではない。高い専門性を持った国際アドバザーによる環境評価による開発であり、露天掘りの禁止などをうたっている。なぜか。気候変動の対応こそ開発プログラムの中核として位置付けるからだ。では、なぜ気候変動の対応が開発プログラムの中核になるのか。「人類に迫った最大の脅威は、気候変動という事実である。気候変動が北朝鮮に与える影響は、乾燥した地域の（そして最終的には、砂漠の）拡散と農業生産に影響を与える気温の上昇という形態になるであろう」（同「その1　適切な北朝鮮発展計画―北朝鮮の経済、文化、政治の発展のための暫定計画」）。

　地球温暖化で生じた異変は、二極化に分かれる。水没と砂漠化なのだが、パストリッチ教授は砂漠化の危機がアジアに顕著だと説明する。「毎年ほぼ五〇〇，〇〇〇ヘクタールにのぼる大地が砂漠化によって失われ、中国の総面積の二七％にのぼる土地が回復不能の状態で、少なくみても二，六二〇，〇〇〇ヘクタールの土地が砂漠化した。すでに、中国東北部にまで拡大している」（第六章「北朝鮮に向き合う」―その2「誰も知らない北朝鮮の脅威」）という。砂漠から偏西風により運ばれる黄砂はソウルの空を覆い、マスクが必需品にもなっている。「日本も黄砂がやってきます。生態系と人々の健康にとって深刻な脅威なのです。しかし中国発の問題ではありません。中国にどんどん入ってくる危ない消費文化、浪費を中心とした経済によってもたらされたものです。そうして日本人が貿易を通して安い製品をどんどん買っていて、その安い製品が環境保護の工場制限がゆるい中国の地方に作られているので、その公害はある意味で日本から中国へ輸入したものでもある。私たちはこの砂漠化にどれだけ危機意識を持っているでしょうか。原因は歪んでいる経済成長の発想です。それなら、昔の儒教の農業と生態を中心とした経済論はよっぽどいい」という。

　地球温暖化についてもう少し詳細なデータを示す必要があるだろう。市民の力で地球温暖化の解決を目指す国際環境NGO「三五〇JAPA」のホームページ https://world.350.org/ja/about/science/ で、アメリカのNASAのゴーダード宇宙研究所ジェームズ・ハンセン博士（Dr. James Hansen）の有名な言葉が掲げられている。「もし人類が誕生したこの地球という惑星の環境を、今まで通り適応してきた生命を維持出来る環境を保ちたいのであれば、古気候学的見地からの証拠や継続する気候変動が示す通り、二酸化炭素濃度を「現在のレベル」から最大三五〇 ppm まで低減させる必要があるだろう」。
ここで「三五〇 ppm」については補足がいる。現在の二酸化炭素は四〇〇 ppm のレベルに達しており、毎年、大気中に2ppm ずつ放出され増え続けている。今世紀中に三五〇 ppm 以下に引き下げることができなければ、臨界点を突破し、取り返しのつかない影響を及ぼすという警告である（同ホームページから）。パストリッチ教授の砂漠化の指摘は、東アジア（いや地球）の抜き差しならない現実である。もう猶予がないのである。

なぜ平和憲法なのか

気候変動という地球が抱えた危機は、軍事技術の開発、莫大な予算の投入こそ、現在おかれている安全保障の根幹の課題を無視している。これがパストリッチ教授の痛切な訴えなのだ。「日本国憲法の思想は実効性がある」とパストリッチ教授が強調するのは、気候変動は非軍事的対策しか有効性がないからだ。日本の平和憲法が時代遅れの「遺産」ではない、という。「軍事強化をはかる従来の安全保障策などで地球温暖化、気候変動による危機に、とても対応できません。気候変動問題とは新たな非軍事的な脅威です。それは軍事的圧力によって圧迫するのではない。非軍事での安全保障がこれからの課題であり、先取りしたのが憲法九条です。憲法九条を持つ日本は、安全保障問題における初の真のリーダーをつとめねばならないでしょう」。

第一章「東アジアよ、武器よさらば」――「日本の平和憲法は「過去」ではなく「未来」である」で述べられていることだ。しかし、簡単に非軍事での安全保障を実現できるのだろうか。本書の中でこう強調されており、編者が最も着目する箇所である。本書の文章を引用する。

「平和憲法は私たちに、軍の役割について深く考え直すよう要求する。それは個人や小さなグループによって成し得るものではないが、むしろそれは結果ではなく、プロセスでなくてはならない。気候変動が最大の危機であることが常識になるまでに、多くの努力が必要である。人類の生存の脅威に焦点をあてた、地球規模の軍事システムの新たなビジョンを示すための創造性が必要である。軍隊の存在する目的を、人々を殺害することだけに限定することはない。軍は、人々の利益のために自分を犠牲にする、献身的な個人の規律化された集団である。重要なことは、何を目的として献身するのか、という点である」（同「軍の真の役割」）

半生記——中国文学との出合い

教授の半生は著書『ハーバード博士の韓国漂流記：人生は速度ではなく方向である』（二〇一一年ソウル市・ノマドブックス；以下、『韓国漂流記』と略す）が参考になる。本書の翻訳者の一人本田仁香さんから提供を受けた韓国語著書の日本語訳（抜粋）や韓国で刊行したパストリッチ教授の書籍など参照しながら述べてみたい。

パストリッチ教授は『韓国漂流記』の最初で、「両親は元々西洋の文明と深く関わりがあった」と記している。「ヨーロッパの古典音楽を専攻した父とフランス語の教師でヨーロッパ中心の教育を徹底して受けてきた母」に育てられた。両親の影響から、フランス文学を専攻しようと考えてイエール大学に進んだのだ。ところが、食欲もわかないほどフランス文学の授業に嫌気がさすようになる。繊細なフランス小説を夜が明けるほど懸命に読みあさったにもかかわらず、二週間でフランス文学専攻を断念する。

なぜフランス小説研究をやめたのか。『韓国漂流記』ではふれていないが、中国人教授の研究室を訪ねた時の描写がヒントになる。「孫康宜教授の研究室は中国の古代の文章家たちの蔵書が敷き詰められていた。どこか知れず偉大な知恵の息吹が部屋いっぱいに溢れている気がした」。中国の知恵に圧倒されたのだ。

少年時代から親しんできた西欧文化と異なる中国文化への関心は、知的好奇心あふれるパストリッチ青年を魅了するのは当然だっただろう。孫康宜教授はすぐに中国の唐詩を覚えるよう指導し、一日十五字の漢字を書いて無条件で覚えていったという。研究室を初めて訪ねて研究室で話し込んだ時間は三、四時間というから、教師にも恵まれてもいた。

『韓国漂流記』では、中国、韓国などの友人、知人との出会いを書いている。アメリカ・ミズーリ州のセントルイスに住んでいたが、小学校時代自宅裏に中国人家族が移住し交流が始まったことや、韓国の孤児院で育ち、アメリカに養子に来た韓国人兄弟のたくましさに圧倒されたことも記している。それは東洋の文化との出会いであったセントルイスが特別に中国人、韓国人が多かったわけではない。しかし西洋人より中国人に会っている方が気が休まるという趣旨の記述がある。自宅地下にセントルイス・ワシントン大学で中国語を専攻する女子学生が住んでいたが、彼女に連れられ大学で催された「アジアン祭」を堪能し、日本の天ぷらをお箸で掴んでみて食べた。漢字で書かれたアジアの書籍を始めてみた。その後、サンフランシスコに転居してみたら、その高校にアジア系の学生は七割を超えておりそのころから非常に親しいアジア人の友人ができた。

そのロウェル高校（Lowell High School）では三学年先輩に、東京大学教授をへて現在は国文学研究資料館館長のロバート・キャンベルさんがいた。二人が東アジア研究で夜を明かして議論したことなどが紹介されているが、「彼も私と同じく高校の時から中国について考えアジアへの留学を準備していた」とある。

思想のロールモデルについて

『韓国漂流記』では研究、思想のロールモデル（模範）を中国の歴史から得たと書いている。パストリッチ教授の思想のベースに関わるだけに、少々長くなるが該当部分を引用する。

「(ロールモデル)は、司馬光を始めとし王安石、海瑞、朱雲などだ。宋の知識官僚だった司馬光は(一九年の歳月をかけて)二四九冊もの『資治通鑑』を書いた。司馬光は政策と制度の立案者として政府内で批判的な役割を務めた。司馬光の知的ライバルは王安石だったが、彼は宋の復興のため大々的な制度改革を主導した改革主義者である。海瑞は清吏と正義を象徴する人物で、朱雲は海瑞と共に直言を躊躇しないことで有名な漢の人物だ。権力の前に屈することなく不正腐敗に立ち向かい危険を承知で戦った彼らの勇気が私の気持ちを動かした。(中略)私は彼らの姿にどの大将よりも大きい英雄の姿を見つけ迷いなく自分のロールモデルにした」(丸カッコは編者加筆)。

ロールモデルの中国の先人(司馬光、王安石、海瑞ら)に魅了されたことは、コラムや韓国でのテレビでのコメンテーターとして、気候変動に対する非軍事的政策を訴える姿と重なる。大学から東アジアの使命感をもっている文人に深い感銘をうけたことはパストリッチ教授の特徴である。

また欧米知識人ではノム・チョムスキー教授を高く評価する。その評価について、本書でパストリッチ教授が縦横に述べた気候変動に対する安全保障のあり方は、決して国や民族の枠組みに制約されることなどない。ためらわずに企業、政府機関を批判するチョムスキー教授の姿勢と重ね合わさる。

「チョムスキー教授は又バートランド　ラッセル教授をかなり尊敬している。バートランド・ラッセルは既に前の世代に社会的正義のために戦いながら人間が直面した課題を解決するために論理、数学、哲学的な価値のために献身した学者だった。チョムスキー教授はそのラッセルの教えを受け継ごうとしている。(中略)チョムスキー教授もラッセルと同じくある意味で、中国の士大夫のように政治的行動との距離を維持した。そのような点でチョムスキー教授は人間が理性的で合理的な能力を備えていると信じ、数学と論理の純粋科学の上にある理想的な談論が最終的には人間を迷夢から覚ますことができるというラッセルの理想を実現しようとしている」

気候変動を非軍事上の危機ととらえて安全保障問題にも連なる論者が現れてきているが（代表的な学者に立教大学のアンドリュー・デウィット（Andrew Dewit）教授がいる―後述）。その解決策として日本の平和憲法に論及した人はパストリッチ教授ただ一人であろう。専門分野に特化したテーマを追求していたなら、気候変動と安全保障が結び付くことができただろうか。また、それほど気候変動に対する危機意識がないから、安全保障にまで発想が及ぶことがないのかもしれない。憲法九条と気候変動を結び付けることもない。パストリッチ教授の独創的であり、時代を先取りした思考がここにある。

「対気候変動ＲＩＭＰＡＣ」実現は遠い未来か、絶望か

巨大なアメリカ軍は気象変動と軍事のあり方をどう見ているのか。ここまで紹介してこなかった重要な点だ。第四章「東アジアよ―武器をさらば」―『リバランス』を超えて―アメリカの対東アジア戦略」で、オバマ前政権時代の米太平洋軍司令長官サミュエル・ロックリア提督が気象変動と安全保障について関心を示したことが紹介されている。具体的な報道ではこうある。「サミュエル・ロックリア提督は、太平洋地域で自然災害によって〇八年～一二年に二八万人が死亡したと指摘し、全てではないがその多くが気候変動や気象に関わるものだ」（二〇一九年三月一七日付の『Sankei Biz』より）。

ロックリア提督の証言は公式で発表されたものではないが、二〇一三年三月九日の『ボストングローブ』（Boston Globe）という新聞でも気候変動が安全保障に関わる発言が報じられている。「気候変動というものは軍人がいつも想像している危機のシナリオよりはるかに実現する可能性が高い。人々がびっくりするが、海水上昇のせいで多くの国家が近い未来に深刻に揺らぐことになる可能性が高い。いまの気候の現象の激しさには先例を見ない」

また立教大学のアンドリュー・デウィット教授は、米太平洋軍司令部がアジア全域の将来的な相互協力

の新たな展望を切り開くため、気候問題に具体的に対処について「アメリカ太平洋軍、気候変動、協調的安全保障」（『ジャパンフォカス』二〇一四年八月二四日）https://apjjf.org/2014/11/34/Andrew-DeWit/四一六八/article.htmlで発表している。その記事では、アメリカ太平洋軍の一部の軍人が計画した生物の多様性を守り気候変動を防ぐ能力を描写した。「気候変動は、安全保障上の一大転機となる」とみる。

ところで、ロックリア提督などの発言が生まれた背景があった。二〇一四年にアメリカ政府が環太平洋全域から関係する主な各国軍代表を海上軍事演習に招待し合同演習ＲＩＭＰＡＣを実施したことだ。日本海上自衛隊も含む米国主催の大規模な海上訓練としては初めて中国人民解放軍海軍が参加した。パストリッチ教授はこのＲＩＭＰＡＣを「実務レベルでの軍事協力関係の成長を地域全体にもたらしている」として、日本の自衛隊が率先して気候変動の問題に対応する機関となることに論及している。

平和運動ではＲＩＭＰＡＣに対する批判が強い。北朝鮮への軍事圧迫になるし、日米両国の軍事力強化に結びつくからだ。新たな軍事的緊張を引き起こしてきたからだ。しかし、気候変動に対する取り組みという点から考えると、別の評価も生まれてくる。「自衛隊を皮切りにして世界的に軍の役割が気候変動対策に携わるものにシフトしていけば、自ずと必要なことは戦争ではなく我々の生きる地球の環境保全をすることであると世界各国の軍が理解できるようになるであろう」（第一章「日本の平和憲法は『過去』ではなく『未来』である」―「日本の自衛隊が世界を救う」）とＲＩＭＰＡＣ――「対気候変動ＲＩＭＰＡＣ」を提案している。

対気候変動ＲＩＭＰＡＣのプログラムがあるので紹介する。米国国防総省の「エネルギーの信頼性と安全保障のためのインテリジェントな電力網構造のデモンストレーション（ＳＰＩＤＥＲＳ。Smart Power Infrastructure Demonstration for Energy Reliability and Security）」プログラムのことだ。

「米太平洋司令部とアジア地域の軍隊間のグローバル競争を誘導して、さまざまなアプリケーションを備えた環境対策の新技術の開発を促進し、アジア地域の軍隊間の肯定的な競争を誘導する」もので、「二〇一三年、世界初の九〇％再生可能エネルギーを利用したマイクログリッド（新環境エネルギー中心の自給自足の電力システム）の構築、テストを実施したことがある。（中略）海洋の変化状態を監視し、これに対応する新技術分野での競合を繰り広げることができ、これらの努力は、結果的には、地域の軍隊が資源を無駄にせず、環境保護の先頭に立つことができる」（『韓国人だけ知らなかった、より大きな大韓民国』二一世紀ブックス、ソウル、韓国語）

安全保障上の最大の脅威である気候変動に焦点を当てるには、米中の大国間の軍事上の協力が不可欠だ。しかし、現在のトランプ政権はオバマ大統領と習近平主席が合意した気候変動に関する協力関係を反故にしており、二〇一四年に中国脅威を何年間も繰り返してきたハリー・B・ハリス作戦部長がアメリカ太平洋軍の司令官となった。その後、RIMPACへ中国の招待は突然取り消しになった。紹介した軍事プログラムは顧みられることがない。こうした事態をどう考えるかを最後に質問してみた。

「気候変動に対する研究と活動が急に減ったのですが、相変わらずその新しい安全保障に関心をもっている軍人が残り、日本が建設的な方向に向かって動き出したならば、アメリカにもまたその志向性を取り戻し、中国と北朝鮮との協力がはじまるでしょう。日本は鍵を握っています」

※

本書は三年前にパストリッチ教授に大阪で会ったのが機縁だ。その後、主にソウルで何度も会い打ち合わせをしてきた。一〇〇近くを数えるコラムの中で選び出すのに時間を要したし、パストリッチ教授の主張がどれだけ切迫感を持って読者に受け入れられるかを懸念した。しかし、気象変動対策はもう一刻も猶予がない。しかし、一方で日本は軍事力強化に突っ走り、今年度一機一一五億もするF－35先鋭戦闘機を一〇〇機以上もアメリカから購入するという。憲法九条すら骨抜きにしようとしている。今、この書を出さずしてどうするのか。少部数にすぎないが、刊行に踏み切るのは、当を得ていると確信している。
翻訳者の労苦なくして本書の実現はありえない。いずれも韓国在住の本田仁香さん（翻訳家）、李権熙博士（古事記専門の大学講師）のお二人が担っていただいた。末尾で失礼だが、お礼を申し上げます。ありがとうございました。

二〇一九年七月五日

出典について

（主な作品のみ記した。原題、構成を変えたコラム、作品もある）

■『世界』（２０１５年12月号）―「日本の『平和憲法』は『過去』ではなく『未来』である」

■「ザ・ハフィントン・ポスト・ジャパン」―「日本の『平和憲法』は『過去』ではなく『未来』である」、「日本の自衛隊が世界を救う」、「東アジアよ、武器よさらば」、「適切な北朝鮮発展計画」、「誰も知らない北朝鮮の脅威」、「化石化した韓国政治」、「福島原発事故への世紀にわたる対応」

■「中央日報」日本語版―「東アジアよ、武器よさらば」、「ソウルをシンクタンクのメッカにしよう」、「統一は選択の問題ではない」

■「狂国見聞史」（個人ブログ）―「朝鮮学校を訪問して感じたこと」、「上海で中国ＳＦ映画『流浪地球』を見て感じたこと」

■『Korea Times』―「『中国の夢』：欧米化？それとも新しい道を開く？」、「板門店南北首脳会議の衝撃から」、「韓国・北朝鮮の接近とアメリカの役割」、「平壌南北首脳会談の及び評価」「トランプ式分断政治によるハノイ米朝会談の決裂」

著者　エマニュエル・パストリッチ（Emanuel Pastreich）

1964年、アメリカ生まれ、環境問題、国際関係、技術の社会に対する影響を研究するシンクタンク「アジアインスティチュート」所長、韓国天安市所在の地球経営研究院長。イエール大学卒業、台湾国立大学、ソウル大学などに留学、東京大学大学院総合文化研究科修士修了、ハーバード大学東アジア言語文化研究科博士修了。イリノイ大学、慶熙大学教員など歴任。

著作　中国語；『未来中国：关于人类与地球命运』（現代文化出版社、香港、2019年）『跨海求真：哈佛博士论中美未来　(kuahai qiuzhen:hafo　boshi lun zhongmei weilai)（銀河出版社、香港、2016年）韓国語；『韓国人だけ知らなかったもっと大きい大韓民国（ソウル、レッドウッドブックス、2017年）『地球経営　弘益にその答えを求める」李承憲共著（韓文化、2016年）『人生は速度ではなく方向だ。ハーバード大学博士の韓国漂流記』（21世紀部ブックス、ソウル、2016年）『韓国人しかしらない違う大韓民国：ハーバード博士がみた韓国の可能性』（21世紀部ブックス、ソウル、2013年）英語；『The Visible Mundane: Vernacular Chinese and the Emergence of a Literary Discourse on Popular Narrative in Edo Japan』（目に見える世俗：中国白話小説の伝播と江戸時代の「通俗」に対する討論の成立）（ソウル大学出版社、2011年）『The Novels of Park Jiwon: Translations of Overlooked Worlds』（朴趾源の小説、見過ごした世の中の翻訳）（ソウル大学出版社、2011年）

編者　川瀬俊治（かわせ・しゅんじ）

1947年三重県伊賀市出身。奈良新聞社公務部、編集部勤務後、1984－1999年、解放出版社職員、雑誌『部落解放』記者、書籍編集、現在フリー。著作『夜間中学設立運動―奈良からの報告』、『もう一つの現代史序説―朝鮮人労働者と「大日本帝国」』、編者に、『琉球独立は可能か』、聞き手に池田正枝『二つのウリナラ（わが祖国）―21世紀の子どもたちへ』、金光男『朝鮮半島　未来を読む　文在寅・金正恩・トランプ、非核化実現へ』、翻訳に、孫錫春『言論改革―韓国・新聞権力の世論支配に挑む』、森類臣共訳『不屈のハンギョレ新聞―韓国市民が支えた言論民主化20年』

武器よさらば　地球温暖化の危機と憲法九条

2019年8月1日　初版第1刷発行

著　者　エマニュエル・パストリッチ
編　者　川瀬俊治
発行者　稲川博久
発行所　東方出版株式会社
〒543-0062　大阪市天王寺区逢坂2-3-2
TEL 06-6779-9571　FAX 06-6779-9573
装　丁　髙 元 秀
印刷所　株式会社 国際印刷出版研究所

乱丁・落丁本はお取替え致します。
ISBN978-4-86249-371-2